Lothar Mertens

Wider die sozialistische Familiennorm

Lothar Mertens

Wider die sozialistische Familiennorm

Ehescheidungen in der DDR 1950-1989

Westdeutscher Verlag

Die Deutsche Bibliothek – CIP-Einheitsaufnahme

Mertens, Lothar:
Wider die sozialistische Familiennorm : Ehescheidungen in der DDR
1950 – 1989 / Lothar Mertens. – Opladen ; Wiesbaden : Westdt. Verl.,
1998
ISBN-13: 978-3-531-13310-2   e-ISBN-13: 978-3-322-83330-3
DOI: 10.1007/978-3-322-83330-3

Der Westdeutsche Verlag ist ein Unternehmen der Bertelsmann Fachinformation GmbH.

http://www.westdeutschervlg.de

Höchste inhaltliche und technische Qualität unserer Produkte ist unser Ziel. Bei der
Produktion und Verbreitung unserer Bücher wollen wir die Umwelt schonen: Dieses
Buch ist auf säurefreiem und chlorfrei gebleichtem Papier gedruckt. Die Einschweiß-
folie besteht aus Polyäthylen und damit aus organischen Grundstoffen, die weder bei der
Herstellung noch bei der Verbrennung Schadstoffe freisetzen.

Umschlaggestaltung: Horst-Dieter Bürkle, Darmstadt

ISBN-13: 978-3-531-13310-2

Inhalt

Vorwort

Die vorliegende Untersuchung stellt weniger eine familiensoziologische Erforschung des Gegenstandes, als vielmehr eine sozialhistorische Entwicklungsanalyse dar. Zwar werden interdisziplinär sozialwissenschaftliche Instrumentarien angewandt und die Betrachtung sowohl auf der Makroebene des sozialistischen Staates als auch auf die Mikroebene der individuellen Familiensituation ausgeweitet, wobei jedoch immer die historisch-politische Entwicklung des zweiten deutschen Staates und die psychosozialen Auswirkungen auf die Menschen in der DDR mitberücksichtigt werden.

Auf diese Problematik zuerst aufmerksam gemacht worden bin ich von Dr. Horst Laatz, der mir Mitte der 1980er Jahre geheimgehaltene Statistiken der fünfziger und sechziger Jahre als interessanten Lesestoff gab. Die Beurteilung der Thematik aus der Sicht einer gelernten DDR-Bürgerin vermittelten mir die informativen Diskussionen mit Monika Tantzscher. Für ihre kritische Durchsicht des Manuskriptes und die zahlreichen konstruktiven Hinweise danke ich Dipl. rer.soc. Sabine Gries sowie Dipl.-Journ. Thomas Pfeiffer. Die Erstellung des Titelblatts und der Graphiken besorgte in gewohnter Sorgfalt Ulrich Spiekerkötter.

Widmen möchte ich diese Untersuchung meinem akademischen Lehrer, Prof. Dr. Wilhelm Bleek, nicht nur als kleines Zeichen meines Dankes für seine vielfältige Unterstützung in den letzten Jahren, sondern auch weil er seit über 25 Jahren glücklich verheiratet ist und daher ein hoffnungsvolles Gegenbeispiel darstellt.

Typische Fehlerwartung

Bei der Eheschließung erwartet die Frau,
daß der Mann sich noch ändere - doch er ändert sich nicht;

bei der Eheschließung erwartet der Mann,
daß die Frau sich nicht verändert - doch sie verändert sich.

1. Einleitung

Die Ehescheidung ist im deutschen Kulturraum erst im 20. Jahrhundert zu einem gesellschaftlichen Massenphänomen geworden. Zum einen zerbrach durch die industrialisierte Gesellschaft der tradierte Familienzusammenhalt der einstmals mehrere Generationen umfassenden Großfamilie, zum anderen verlor die Scheidung durch den gesellschaftlichen Strukturwandel den Makel der „Schande" und des „Versagens". Darüber hinaus schuf die rasch ansteigende außerhäusliche Berufstätigkeit der Frauen - zusätzlich zu dem daraus erwachsenden emanzipatorischen weiblichen Selbstbewußtsein - die notwendige ökonomische Unabhängigkeit der Frauen. Der Zusammenhang von Scheidung und Modernisierung ist ein globales Phänomen, das für alle industrialisierten Staaten der Erde konstatierbar ist.[1] Die wachsende Zahl von Ehescheidungen ist aber auch ein Zeichen für die Entsolidarisierung unserer Gesellschaft, die immer stärker von egozentrischen Eigeninteressen statt von familialen Korporativstrukturen geprägt wird.

Die Institution der Ehe war in den verschiedenen Epochen vielfältigen Wandlungen unterworfen. Besonders in der Industriegesellschaft des 20. Jahrhunderts haben sich die soziale Funktion sowie die gesellschaftliche Bedeutung der Ehe grundlegend verändert.[2] Die Versorgungs- oder Hausfrauenehe - ein bürgerliches Ideal des 19. Jahrhunderts, welches auch andere Gesellschaftsschichten zunehmend adaptierten - trat aus sozio-ökonomischen Gründen mehr und mehr in den Hintergrund. Aufgrund des hohen Frauenerwerbstätigkeitsgrades in der modernen Industriegesellschaft ist die ökonomische Bedeutung der Ehe als Versorgungsinstitution gesunken. Gewandelte soziale Verhältnisse sowie die fortschreitende materielle Unabhängigkeit beider Partner haben die Unauflösbarkeit der Ehe zu einem rein verbalen Lippenbekenntnis mutieren lassen. Zugleich ist die gesellschaftliche

---

1   Dies gilt auch für die Volksrepublik China, wo es neben der rasanten volkswirtschaftlichen Entwicklung seit Beginn der 1990er Jahre gleichfalls zu einem starken Anstieg der Ehescheidungen kommt; Faison, S. A1 u. A6.

2   Vgl. auch Herzer, S. 36 ff., der jedoch - nach einem informativen historischen Überblick für die Entwicklung seit dem 18. Jahrhundert - für die Zeit nach 1945 lediglich die Bundesrepublik Deutschland und die anglo-amerikanische Situation berücksichtigt.

9

Akzeptanz der Ehescheidung gestiegen, und die Auflösung einer Verbindung wird nicht mehr, wie noch etwa in der bürgerlichen Gesellschaft zu Beginn dieses Jahrhunderts, als persönlicher Makel etikettiert. Letztendlich ist in einer Epoche, in der im Zeitverlauf ein Drittel aller geschlossenen Ehen vorzeitig aufgelöst werden, die Scheidung beinahe schon etwas „Normales".

Graphik 1: Ehescheidungen im Deutschen Reich 1900-1939[3]

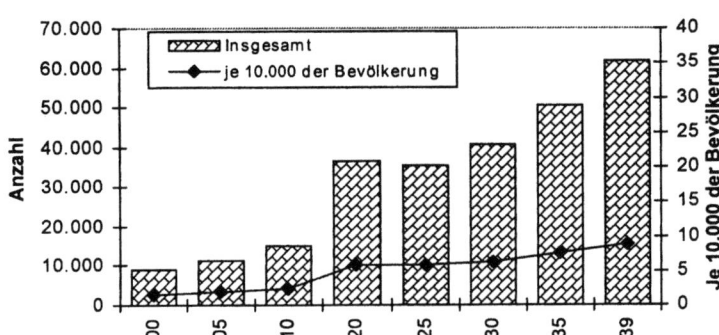

Im frühen 20. Jahrhundert war kennzeichnend für das zeitgenössische Verständnis der Ehe als einer Versorgungsinstitution das sogenannte Lehrerinnenzölibat im deutschen Kaiserreich. Einerseits war man bereits so „modern", Frauen im Bereich des Volksschulwesens die Möglichkeit der Berufsausübung zu gewähren und ihnen damit die Gelegenheit einzuräumen, ihren Lebensunterhalt selbst zu sichern - wenngleich mit deutlich geringerem Salär als die männlichen Kollegen und der durchsichtigen Begründung, daß diese ja noch eine Familie zu ernähren hätten. Andererseits mußten die Frauen sofort aus dem Schuldienst ausscheiden, wenn sie sich verehelichten und damit ihr Lebensunterhalt durch den Ehegatten „gesichert" war. Es erstaunt daher nicht, daß es im Kaiserreich gerade unter den Lehrerinnen einen großen Anteil von alleinerziehenden Müttern oder in sogenannter

---

3   Erstellt nach: Stat. Jb. für die Bundesrepublik Deutschland, 1968, S. 43, Tab. 1.

„wilder Ehe" lebenden Frauen gab, die dadurch zum einen weiter berufstätig bleiben durften und zum anderen die gesellschaftliche Doppelmoral der wilhelminischen Zeit aufdeckten.

Nach dem kurzen liberalen Intermezzo der Weimarer Republik erfolgte durch den Regierungsantritt Adolf Hitlers im Januar 1933 ein familienpolitischer Rückfall in längst überwunden geglaubte Zeiten. Überraschend ist jedoch, daß trotz der vollkommen retardierenden völkischen Familienideologie des Nationalsozialismus im Dritten Reich die Scheidungsziffern kontinuierlich weiter anstiegen. Die gesellschaftliche Ausnahmesituation der beiden Weltkriege und der damit verbundene Einsatz der Frauen als industrieller Arbeitskräfte-Reservearmee bedingte sowohl nach 1919 als auch nach 1945 kurzfristig einen extremen Anstieg der Scheidungsziffern. Insgesamt gesehen, ist jedoch für die Entwicklung in diesem Jahrhundert ein linear ansteigender Trend gegeben, der lediglich in den alten Bundesländern durch einen starken Abfall im zweiten Halbjahr 1977 sowie im Jahre 1978 unterbrochen wurde. Dieser Einbruch war eine Folge der Reform der bundesdeutschen Scheidungsgesetzgebung, die durch das *„Erste Gesetz zur Reform des Ehe- und Familienrechts"* ab dem 1. Juli 1977 neu geregelt wurde.[4] Insbesondere die Unterhalts- und Versorgungsansprüche müssen seit dem Jahre 1977 vor der Eheauflösung geklärt werden, während dies zuvor auch noch nach der Scheidung erfolgen konnte. Eine wichtige Rolle in der Scheidungsrechtsprechung, insbesondere der Nachkriegszeit, spielte weiterhin der Paragraph 48 des Bürgerlichen Gesetzbuches,[5] der festlegte: *„Ist die häusliche Gemeinschaft der Ehegatten seit drei Jahren aufgehoben und infolge einer tiefgreifenden, unheilbaren Zerrüttung des ehelichen Verhältnisses die Wiederherstellung einer dem Wesen der Ehe entsprechenden Lebensgemeinschaft nicht zu erwarten, so kann jeder Ehegatte die Scheidung begehren."* Auch in der DDR wurde in den ersten Nachkriegsjahren der § 48 noch angewendet, obwohl in der Rechtsprechung immer häufiger die Anwendung des „Zerrüttungsprinzips" erfolgte. Zwar mußte Anfang der fünfziger Jahre noch eine dreijährige Trennungszeit einge-

---

4   Wagner, S. 158 ff. Siehe ausführlich Herzer, S. 47 ff.
5   Siehe auch Herzer, S. 43 ff.

halten werden, um eine Ehe unter Anwendung von Art. 48 des Ehegesetzes (EheG) zu trennen. Oberster Grundsatz für die Richter in Familienrechtsverfahren mußte jedoch sein, *„daß eine unheilbar zerrüttete
Ehe nicht nur jeden persönlichen Wert für die Ehepartner selbst, sondern* vor allem auch ihren gesellschaftlichen Wert *verloren hat "*.[6] Damit war nicht mehr nur das Interesse beider Partner an der Ehe, sondern auch das der sozialistischen Gesellschaft zu berücksichtigen.[7]

Graphik 2: Ehescheidungen in der Bundesrepublik Deutschland
1950-1989[8]

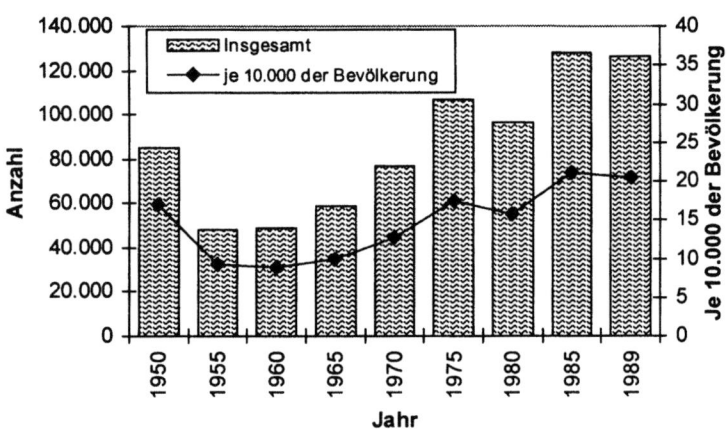

Die Berücksichtigung des Zerrüttungsprinzips, obgleich erst im
Jahre 1955 offiziell eingeführt,[9] wurde bei den Ehescheidungen be-
reits seit Ende der vierziger Jahre partiell angewandt,[10] wobei dessen
Anwendung jedoch nur in Einzelfällen erfolgte, da der sozialistische

---

6   Heinrich/Klar, S. 541 (Hervorhebung; L.M.). Siehe auch Halgasch, Grundfragen, S. 971.

7   Im Gegensatz zu den gesellschaftlichen Entwicklungen in anderen Bereichen, wurde beim
     Ehescheidungsrecht kaum auf das sowjetische Vorbild zurückgegriffen; Klose, S. 107 f.

8   Erstellt nach: Stat. Jb. für die Bundesrepublik Deutschland, 1980, S. 75, Tab. 3.29 u.
     1989, S. 88, Tab. 3.32.

9   Siehe Harrland/Hiller, S. 622; Niethammer, S. 305.

10   Nathan, Anwendung, S. 171; Halgasch, Grundfragen, S. 971.

Staat, insbesondere wenn Kinder von der Eheauflösung betroffen waren, ein grundsätzliches Interesse am Fortbestand der Ehe hatte.[11]

Insgesamt gesehen ist bei einer Betrachtung der Entwicklung von Ehescheidungen in den Industriestaaten am Ende des 20. Jahrhunderts ein grundlegender Rückgang des familialen Zusammenhaltes zu konstatieren.[12] Dieses Phänomen war systemunabhängig sowohl in den sozialistischen Diktaturen Osteuropas als auch in den „kapitalistischen" Demokratien Westeuropas feststellbar. Die allgemeine Abnahme der Kohäsion in der Familie scheint daher weniger von politisch-ideologischen als von gesellschaftlich-individuellen Einflüssen determiniert, so daß vor allem soziale und persönliche Faktoren eine entscheidende Rolle spielen.[13]

Inwieweit dabei in der Industriegesellschaft das politische System doch auf den Fortbestand von Ehen einen Einfluß hat, läßt sich im Vergleich von sozialistischen und kapitalistischen Staaten in Europa und insbesondere in der Gegenüberstellung der DDR und der Bundesrepublik Deutschland deutlich erkennen. Denn die DDR hatte zumindest auf dem Gebiet der Ehescheidungen das in allen Bereichen beharrlich propagierte „Weltniveau" erreicht. Im internationalen Vergleich lag die DDR hinter den Vereinigten Staaten von Amerika, der Sowjetunion, Kuba und Großbritannien auf dem fünften Platz der Staaten mit der höchsten Scheidungshäufigkeit je 10.000 der Bevölkerung.[14] Die Hintergründe und Ursachen für diesen gesellschaftlich eher zweifelhaften „Erfolg" sollen im weiteren unter besonderer Berücksichtigung von ehemals als »Vertrauliche Dienstsache« gesperrten Dissertationen analysiert werden. Der auch in der Bundesrepublik Deutschland gegebene kontinuierliche Anstieg der Ehescheidungsziffern war in der DDR noch stärker ausgeprägt als im Westen. Bereits zu Beginn der sechziger Jahre war die Zahl der Scheidungen, auf je 10.000 Einwohner bezogen, in der DDR um die Hälfte höher als in

---

11 Nathan, Anwendung, S. 172 f.; Rohde, Gesellschaft, S. 238; Strasberg, Beitrag, S. 43; Zur Aufgabe der Gerichte, S. 37 ff.
12 Siehe Kaufmann, Familie, S. 38.
13 Siehe auch Herzer, S. 229 ff.
14 Meyer, S. 33.

der Bundesrepublik Deutschland. Obgleich das Ausgangsniveau bereits deutlich höher war, kam es Anfang der achtziger Jahre auch im real existierenden sozialistischen Staat, ebenso wie im „kapitalistischen" Westdeutschland, zu einer Verdoppelung der Ehescheidungen im Verhältnis zur Einwohnerzahl. Dieses Phänomen wurde ideologisch damit erklärt, *„daß in der kapitalistischen Gesellschaft das Interesse an der Ehe als einer Institution im Macht- und Ordnungsmechanismus zur Aufrechterhaltung der Klassenherrschaft so groß"* sei,[15] daß im Kapitalismus von staatlicher Seite alles getan werde, um Ehen als stabil erscheinen zu lassen, unabhängig von den wahren Wünschen und Interessen der betroffenen Ehepartner.[16]

In beiden deutschen Staaten kam es Ende der vierziger/Anfang der fünfziger Jahre zu einem kurzzeitigen „Scheidungsboom", der aus einem aufgestauten Nachholbedarf der Kriegsjahre resultierte.[17] Seit Mitte der fünfziger Jahre war die Entwicklung von diesen zurückliegenden externen Einflüssen jedoch unbeeinflußt und seit Ende der fünfziger Jahre ist ein kontinuierlicher Anstieg der Scheidungszahlen konstatierbar. Da eine vermehrte Scheidungshäufigkeit den familienpolitischen Vorstellungen des sozialistischen Staates widersprach, mußte es noch weitere negative Einflußfaktoren geben. In der DDR-Literatur wurde deshalb Anfang der sechziger Jahre diese Zunahme, neben den ausklingenden direkten und indirekten Auswirkungen des zweiten Weltkrieges, auf diffuse *„Übergangserscheinungen bei der Durchsetzung der sozialistischen Moral"*[18] zurückgeführt. Allerdings wird sich im nachfolgenden zeigen, daß entweder diese Übergangserscheinungen noch mehr als 30 Jahre andauerten, oder aber die beharrlich propagierte sozialistische Moral nicht allzu tief wurzelte; wie es auch die steigende Kriminalitätsrate gegen das sozialistische

---

15 Kuhrig, Liebe, S. 806.

16 Wäre diese Aussage nicht von Herta Kuhrig, der führenden Gesellschaftswissenschaftlerin der DDR, gemacht und der Aufsatz nicht in der »Einheit«, dem programmatischen Theorieorgan der SED, abgedruckt worden, könnte diese Aussage als ideologische Stilblüte abgetan werden.

17 Klose, S. 130.

18 Ich beantrage die, S. 136 f.

Eigentum dokumentierte.[19] Neben der sozio-ökonomischen Dimension kam beim Anstieg der Ehescheidungsziffern seit dem zweiten Weltkrieg auch noch eine emanzipatorische Komponente hinzu. Die gesellschaftliche Liberalisierung und die sexuelle Befreiung bedingten nicht nur allgemein ein verändertes und freizügigeres Sexualverhalten, sondern zugleich auch ein gesteigertes Anspruchsniveau in den Sexualbeziehungen. Den DDR-Statistiken zufolge hat sich die Unzufriedenheit in der Partnerschaft im Zeitverlauf mehr als verdreifacht. Es hat sich allgemein gezeigt, daß nach einer sogenannten Honeymoon-Phase, in der die Partner viele Abstimmungsprobleme antizipieren und daraus entstehende Ineffizienzen noch wohlwollend tolerieren, die Umstellung auf die eheliche Alltagsroutine nicht gelingt, so daß es zu Enttäuschungen kommt, da der Partner die (zu) hoch gesteckten Erwartungen nicht erfüllt - nicht erfüllen kann. Viele Trennungsgründe sind dabei klar geschlechtsdifferenziert, sei es bei Eheauflösungen wegen Alkoholmißbrauchs oder ehelicher Untreue. Die soziodemographischen Faktoren lassen bei der Scheidungsrate folgende strukturellen Einflüße und Entwicklungen erkennen:

1. Ehescheidungen folgen ökonomischen Zyklen: Bei einer positiven wirtschaftlichen Entwicklung steigt die Zahl der Scheidungen. Die tradierten gesellschaftlichen und sozio-ökonomischen Barrieren gegen eine Eheauflösung haben sich in den letzten Jahrzehnten deutlich nivelliert und der sozialnormative Druck für eine Aufrechterhaltung der gescheiterten Beziehung hat sich verringert. Die gesellschaftliche Stigmatisierung der Scheidung ist fast völlig verschwunden.[20] Auch Geschiedene können wieder eine neue Partnerschaft eingehen, sofern nicht z.B. religiöse Ausschlußmechanismen wie etwa im katholischen Bereich dies noch verhindern.

2. Das Lebensalter bei der Eheschließung korreliert negativ mit der Scheidungswahrscheinlichkeit. Je jünger ein Paar bei der Heirat ist, desto größer ist das Scheidungsrisiko: So ist das durchschnittliche Heiratsalter der Männer bei der Ersteheschließung von 27,4 Jahren am Jahrhundertbeginn auf 25,3 Jahre Mitte der siebziger Jahre

---

19   Mertens, Relikt, S. 249 ff.
20   Siehe Nave-Herz et al., S. 87 ff.

gesunken. Der in den letzten beiden Dekaden zu beobachtende Wiederanstieg des Heiratsalters auf 28,7 Jahre (1991) wird unter anderem von den längeren Schul- und Ausbildungszeiten beeinflußt. Die Entwicklung des durchschnittlichen Heiratsalters bei Frauen verlief parallel. Lediglich der Altersunterschied zwischen den Partnern verringerte sich im Zeitverlauf von rund vier auf ca. 1,5 Jahre.

3. Die Scheidungsrate variiert mit dem räumlichen Kontext. In Großstädten liegt die Scheidungsrate deutlich höher als in ländlichen Regionen. Damit verbunden ist auch eine deutlich geringere Religiosität; gemessen an der Kirchgangshäufigkeit. Geschiedene besitzen durchschnittlich eine höhere formale Bildung als Verheiratete und leben eher in urbanen Regionen.

4. Innerhalb der ehelichen Beziehungen ist es in den zurückliegenden Dekaden zu einer Differenzierung gekommen, wobei weniger die ökonomische Absicherung bzw. die hauswirtschaftliche Substitution als vielmehr die spezifischen Eigenschaften, Gefühle und Emotionen in den Vordergrund gerückt sind. Die gesellschaftlichen Rahmenbedingungen der postmodernen Dienstleistungsgesellschaft, einschließlich solcher Banalitäten wie Pizza-Taxi, tiefgefrorenen Fertiggerichten, Home-Shopping per Fernsehen oder Waschsalons und Reinigungsannahmen, erleichtern strukturell die Auflösung einer lediglich sozioökonomisch bedingten Eheschließung und vermindern zugleich die eheliche Stabilität. Die Fragilität der emotionalen Beziehungen wird darüber hinaus in der modernen Industriegesellschaft durch veränderte Arbeitszeitregime wie Nacht- und Schichtarbeit oder die geforderte größere berufliche Mobilität, Stichwort: Wochenend-Ehe, noch erhöht. Derartige bilanzierende Aussagen ermöglichen jedoch lediglich ein Bild auf der gesellschaftlichen Makro-Ebene, ohne Aufschlüsse über die familialen Mikro-Prozesse zu geben, die schließlich zu einer individuell unterschiedlich motivierten Ehescheidung führen. Denn das im Vergleich zur alten Bundesrepublik in der DDR höhere Scheidungsrisiko läßt sich nur zum Teil mit den gängigen theoretischen Erklärungsansätzen erklären.[21] So lagen die ehespezifischen Investitionen wie Haus- und Grundbesitz deutlich niedriger, der Anteil der kon-

---

21   Klein, Ehescheidung, S. 78 f.

fessionsgebundenen Personen, insbesondere Katholiken, war deutlich geringer, und auch die familiäre soziale Absicherung hatte im paternalistischen Staatssozialismus eine wesentlich geringe Bedeutung.

Tabelle 1: Durchschnittliches Heiratsalter 1952-1970[22]

Jahr	Durchschnittliches Heiratsalter in Jahren					
	Alle Männer gesamt	Nur ledige Männer	Nur geschied Männer	Alle Frauen gesamt	Nur ledige Frauen	Nur geschied Frauen
1952	30,5	25,6	41,0	27,3	23,8	35,8
1953	30,3	25,2	40,9	27,0	23,5	36,5
1954	30,1	24,9	40,7	26,8	23,4	36,5
1955	29,5	24,6	40,5	26,4	23,2	36,3
1956	29,5	24,5	40,4	26,5	23,2	36,4
1957	29,0	24,4	40,3	26,1	23,0	36,4
1958	28,5	24,0	39,8	25,6	22,7	36,3
1959	28,0	24,0	39,3	25,3	22,6	35,9
1960	27,6	23,9	38,7	25,0	22,5	35,5
1961	27,9	24,3	38,6	25,3	23,0	35,5
1962	27,3	23,8	37,7	24,8	22,5	34,5
1963	27,6	23,9	37,1	25,2	22,7	34,1
1964	28,0	24,1	37,1	25,5	22,9	33,8
1965	28,1	24,4	36,5	25,5	22,9	33,6
1966	28,4	24,5	36,2	25,6	22,9	33,2
1967	28,3	24,5	36,0	25,4	22,6	33,2
1968	28,2	24,5	35,9	25,2	22,4	33,3
1969	27,9	24,2	37,7	24,8	22,1	33,3
1970	27,5	24,0	35,8	24,5	21,9	33,6

---

22 Erstellt nach: Stat. Jbb. der DDR, Jgg. 1955-1971 (die kleine Ziffer der verwitweten Männer und Frauen bleibt hier aus Gründen der Übersichtlichkeit unberücksichtigt).

Insgesamt gesehen, sinkt das Heiratsalter nur leicht, da es in allen Kategorien, nach den Niedrigwerten in den siebziger Jahren wieder zu einem kontinuierlichen Anstieg kam. Das stärkere Absinken des durchschnittlichen Wiederverheiratungsalters bei den Geschiedenen erklärt sich durch die immer kürzere Dauer der früheren Ehe.

Tabelle 2: Durchschnittliches Heiratsalter 1971-1989[23]

Jahr	Durchschnittliches Heiratsalter in Jahren					
	Alle Männer gesamt	Nur ledige Männer	Nur geschie Männer	Alle Frauen gesamt	Nur ledige Frauen	Nur geschie Frauen
1971	26,7	23,3	35,4	23,8	21,3	33,2
1972	26,5	23,2	35,5	23,7	21,3	33,2
1973	26,5	23,1	35,6	23,7	21,3	33,2
1974	26,5	23,1	35,7	23,8	21,3	33,0
1975	26,5	23,2	35,5	23,8	21,3	32,7
1976	26,5	23,2	35,5	23,9	21,4	32,5
1977	26,5	23,3	35,2	23,9	21,4	32,4
1978	26,5	23,3	35,5	23,8	21,3	32,7
1979	26,4	23,3	35,5	23,8	21,3	32,8
1980	26,5	23,4	35,7	23,8	21,3	32,8
1981	26,9	23,5	35,9	24,2	21,4	33,0
1982	27,2	23,7	36,1	24,5	21,6	33,1
1983	27,4	23,9	36,3	24,7	21,8	33,4
1984	27,6	24,1	36,4	24,9	22,0	33,3
1985	27,9	24,3	36,8	25,2	22,2	33,6
1986	28,1	24,6	36,8	25,4	22,5	33,6
1987	28,4	24,8	36,8	25,7	22,7	33,4
1988	28,8	25,0	37,3	26,2	22,9	33,9
1989	29,2	25,3	37,6	26,5	23,2	34,0

---

23 Erstellt nach: Stat. Jbb. der DDR, Jgg. 1972-1990 (die kleine Ziffer der verwitweten Männer und Frauen bleibt hier hier aus Gründen der Übersichtlichkeit unberücksichtigt).

Während in der alten Bundesrepublik unter dem Schlagwort des „Datenschutzes" keine differenzierten Gründe für Ehescheidungen erfaßt werden konnten, war dies in der DDR anders; die diktatorische Ausrichtung des sozialistischen Systems erlaubte auch im Bereich der Scheidungsstatistik zahlreiche Kennziffern zu erheben, wobei wohl oftmals die erwarteten „Planzahlen" übertroffen wurden, da die DDR gerade im Bereich der Ehescheidungen das allseits gewünschte „Weltniveau" längst erreicht hatte. Eine Konsequenz aus den kontinuierlich ansteigenden Scheidungsziffern in der DDR war es auch, daß die Zahl der Eheschließungen, in denen bereits beide Partner geschieden waren, enorm anstieg: von jeder 20. Eheschließung in den fünfziger Jahren auf bereits jede neunte Ende der achtziger Jahre.

Die internationale Forschung über Ehescheidungen hat die Motivationen, Ursachen, Konsequenzen und individuellen Auswirkungen von Scheidungen weitgehend beleuchtet und intensiv analysiert. Jedoch geschah dies zumeist für relativ kleine Probandengruppen oder regional begrenzte Untersuchungseinheiten. Da die Betroffenen häufig nicht bereit waren, Auskunft zu geben, sowie aufgrund von Datenschutzbestimmungen konnten größere verallgemeinernde Aussagen nur zu soziographischen Variablen wie Alter, Heiratsalter, Ehedauer oder Kinderzahl getroffen werden. Durch die diktatorische Struktur des politischen Systems in der DDR liegen für die Ehescheidungen im ehemals real existierenden Sozialismus umfangreiche Datenbestände vor. Die kausale Tiefe und regionale Breite der gesammelten Fakten lassen daher weitergehende und tiefergreifende Analysen und Schlußfolgerungen zu. Insbesondere die von den Gerichten ermittelten Trennungsgründe sowie allgemein die nach Bezirken differenzierten Ergebnisse lassen äußere Einflüsse und gesellschaftliche Ursachen der staatlichen Repression auf die individuelle Beziehung zweier Menschen deutlich erkennen und meßbar werden. Das politische System der DDR hat die Menschen nicht nur im beruflichen Alltag und gesellschaftlichen Leben drangsaliert, gegängelt und bevormundet. Der Partei- und Staatsapparat hat darüber hinaus sowohl auf direkte als auch auf indirekte Weise die individuelle Privatsphäre und das persönliche Wohlergehen der DDR-Bürger massiv beeinflußt. Eine verfehlte Wohnungspolitik, die junge Menschen in die Ehe drängte, um eine eigene Wohnung zu erhalten, fehlende Wohnungen, die bereits geschiedene Partner über Jahre zwangen, weiterhin unter einem Dach - wenn auch nicht mehr miteinander so doch nebeneinander auf engstem Raum - zu leben, all das hat die Psyche und das Lebensglück zehntausender von DDR-Bürgern beeinflußt und negativ geprägt. Frühe, unüberlegte Eheschließungen, da ohne Trauschein keine Wohnung zu erhalten war, sind neben der hohen Zahl von Mehrfachscheidungen eher politisch-gesellschaftlich bedingt und weniger Symptome individuell-singulär gesteuerter Ursachen. So lag in der DDR der Anteil von Frauen, die im Alter von 21-25 Jahren (wegen der Wohnungsnot zwangsweise) noch bei den Eltern wohnten, fast zehnmal höher als in der alten Bundesrepublik. Zugleich war in dieser Altersgruppe jedoch auch der Anteil der Doppelverdiener-Familien in der DDR viermal höher, und die Zahl der Alleinerziehende war doppelt so groß wie in der (alten) Bundesrepublik Deutschland,[24] daß von *„einer gesellschaftlich akzeptierten Normalerscheinung"* gesprochen wurde.[25]

---

24 Strohmeier/Schulze, S. 29, Tab. 1.
25 Fischer/Henschel, S. 39.

2. Die sozialistische Sicht der Ehe

Die Eheauflösung konnte in der DDR nur dann erfolgen, wenn *„die Ehe ihren Sinn für die Ehegatten, die Kinder und damit auch für die Gesellschaft verloren hat".*[26] Die Einbeziehung der Kinder war dadurch zu erklären, daß diese nach staatlicher Auffassung nicht mehr das zufällige Produkt einer Liebesbeziehung oder Eheschließung waren.[27] Vielmehr wurden durch spezifische sozialpolitische Anreizsysteme[28] die Geburtenzahl stimuliert. Daher hieß es in offiziellen Verlautbarungen: *„Alle Kinder können als Wunschkinder geboren werden. Dies dient auch der allseitigen Persönlichkeitsentwicklung der Eltern sowie ihrer Kinder und ist ein Ausdruck sozialistischer Lebensweise. "*[29] Die Chance zur allseitigen Persönlichkeitsentwicklung war allerdings eine ideologische Fiktion, wie nicht nur die psychologischen und soziologischen Erklärungsansätze über das Scheitern von Ehen in der DDR immer wieder neu belegten,[30] sondern auch die Untersuchungen über die individuellen Freiheiten und Möglichkeiten der DDR-Bürger.[31] Das sozialistische Familienverständnis war überdies von Zielvorstellungen geprägt, die sich als idealtypisches Konzept in der Realität nur schrittweise und allenfalls partiell verwirklichen ließen, wie es nach der Wende auch ehedem parteitreue DDR-Wissenschaftlerinnen konzedierten.[32]

Nach der Präambel des »Familiengesetzbuches der Deutschen Demokratischen Republik« war die intakte Familie in der DDR eine völlig neue, niemals zuvor dagewesene Art von Familie - gewissermaßen ein Hort der Harmonie. Spannungen und Konflikte innerhalb der Familie wurden als dem Sozialismus wesensfremde Elemente dargestellt und blieben offiziell unerwähnt. Da die hohen und weiter steigenden Scheidungsraten, ungeachtet der Scheidungsfeindlichkeit in

---

26 Familienrecht der DDR, S. 120.
27 Vgl. Höhn/Dorbritz, S. 150 zur bundesdeutschen familiensoziologischen Sicht.
28 Siehe ausführlich dazu Helwig, Familie, S. 67 u. S. 77; Hille, S. 62 ff.
29 Grandke, Familienförderung, S. 47.
30 Schubert, S. 127.
31 Voigt/Gries, S. 1901 ff.; Voigt/Meck, S. 11 ff.
32 Siehe ausführlich dazu Helwig, Rechte, S. 201.

der DDR-Rechtsprechung der fünfziger Jahre, das staatlich propagierte Familienbild als illusionären sozialistischen Wunschtraum entlarvten, mußte das abweichende Verhalten dennoch begründet werden.[33] Da nach parteiideologischer Sicht das entwickelte sozialistische Gesellschaftssystem der DDR keinerlei Mitschuld an den Ehescheidungsziffern trug bzw. tragen durfte, wurde das Versagen lediglich auf das Individuum projeziert und dessen (noch) fehlende bzw. unterentwickelte sozialistische Prägung. Offensichtliche Fehlentwicklungen staatlicher Gesellschafts- oder Sozialpolitik wie etwa der Wohnungsmangel, gravierende Ausstattungsmängel der Wohnungen[34] oder die vollkommen unzureichenden Dienstleistungseinrichtungen,[35] blieben bei der Analyse der Scheidungsursachen aus politischen Gründen ausgespart,[36] obgleich sie naheliegende Erklärungsmuster waren. Daher wurde es Anfang der sechziger Jahre als der *„offensichtlichste Widerspruch"* in der Familienentwicklung (fehl-)interpretiert, *„daß die Ehescheidungen in einer Zeit zunehmen, da die gesellschaftlichen Verhältnisse in der DDR sich gefestigt und stürmisch entwickelt haben und die sozialistischen Moralanschauungen sich immer stärker durchsetzen."*[37] Sogar die berüchtigte langjährige DDR-Justizministerin Hilde Benjamin hatte bereits im Jahre 1965 konzediert, *„jede Scheidung einer Ehe [ist] ein Signal dafür ..., daß in unserer Gesellschaft etwas nicht in Ordnung ist, daß Menschen unüberlegt, unvorbereitet, leichtfertig eine Ehe geschlossen haben, ... daß möglicherweise auch in unserer Entwicklung Konflikte entstehen, die sich auf die Ehe auswirken und von den Partnern nicht gelöst werden können."*[38] Und in der DDR-Gesellschaft war vieles nicht in Ordnung

---

33 Helwig, Rechte, S. 200 f.; Obertreis, S. 131 f.

34 Der Ausstattungsgrad der Wohnungen im Jahre 1961 mit Zentralheizung betrug 1,5 % (1971: 10,6 %), mit Bad oder Dusche 22,3 % (1971: 38,9 %), und über eine Innentoilette verfügten 33,0 % (1971: 41,7 %). Außerdem wiesen 80 % aller Wohnungen Schäden auf, von denen 20 % *„schwerwiegender Art"* waren; Becher/Lünser, S. 489.

35 Brandt/Wülfing, S. 1619 ff.; Hörder/Schampe/Scherzer, S. 562 ff.; Sahner, Dienstleistungssektor, S. 529 f.; Runge, S. 80. Vgl. auch Kayser/Zobel/Metzner, S. 311 ff., die das Problem schönredeten, obgleich ihre Zahlenbeispiele dies konterkarierten.

36 Siehe auch Hille, S. 45 f.

37 Harrland/Hiller, S. 622.

38 Benjamin, S. 230.

22

gewesen und noch viel mehr Konflikte waren bei der Entwicklung zur sozialistischen Gesellschaft entstanden.

Nach der inhaltlichen Durchsicht aller Jahrgänge der Zeitschrift »Neue Justiz« ist als Tendenz der darin enthaltenen zahlreichen Artikel und Kommentare zur Ehescheidung im Zeitverlauf festzuhalten, daß bis zum Ende der sechziger Jahre in den Berichten und Analysen eher ein Lamentieren über den Zerrüttungsprozeß in den Ehen und die subjektive Fehlbarkeit des Individuums in der doch scheinbar so perfekt funktionierenden sozialistischen Gesellschaft vorherrschte. Seit den siebziger Jahren kam es dann verstärkt zu einer realitätsnäheren Sichtweise, die in den achtziger Jahren beim Anerkennen der gesellschaftlichen Realität des massenhaften Phänomens schon fast fatalistische Züge trug. Symptomatisch und in gewisser Weise auch programmatisch für diese sich wandelnde Betrachtungsweise ist, daß statt ideologischer Theoreme über den sozialistischen Menschen nun auch verstärkt praktische Alltagsfragen, wie etwa die Mitnutzung der gemeinsamen Wohnung durch geschiedene Partner, behandelt wurden. Fragen der effektiven Gestaltung des Ehescheidungsverfahrens wurden nun zum Gegenstand juristischer Doktorarbeiten.[39] Noch zu Beginn der sechziger Jahre wurde die Scheidungshäufigkeit mit einem ausschließlichen Hinweis auf die kapitalistische Dekadenz erklärt, die durch die anstehenden gesellschaftlichen Veränderungsprozesse im Sozialismus überwunden werden sollte, da *„beim Aufbau der sozialistischen Gesellschaft in der DDR der Zerfallsprozeß der bürgerlichen Familie beschleunigt wird, weiter darin, daß das bürgerliche Erbe in der Einstellung zur Frau und zum anderen Menschen überhaupt, sowie zur Ehe und zur Familie nicht sofort überwunden wird und die Ehen, die in der Nachkriegszeit geschlossen wurden, noch längst nicht alle sozialistische Ehen sind."*[40] Gemäß dieser optimistischen Einschätzung hätte es unter den jungen Menschen, die unter den sozialistischen Bedingungen der sechziger Jahre sozialisiert und determiniert wurden und in den achtziger Jahren ihre Erstheirat vornahmen, keinerlei Notwendigkeit zur Scheidung mehr gegeben.

---

39 Siehe z.B. die Diss. von Jürgen Richter aus dem Jahre 1988.
40 Ansorg, Rolle, S. 21.

3. Entwicklung der Ehescheidungen

In der DDR hatten nur zwei Bereiche das von der Sozialistischen Einheitspartei (SED) umfassend angestrebte „*Weltniveau*": der Spitzensport und die Ehescheidungen. Während im Hochleistungssport dieses Ziel u.a. mit gezieltem Doping erreicht wurde,[41] schaffte es die staatliche Sozialpolitik bei den Ehescheidungen, dieses Niveau ohne verbotene Ingredienzien zu erreichen; obgleich die verfehlte Wohnungspolitik sicherlich als ein Additiv wirkte,[42] da sie aufgrund des Zwangs zur formellen Heirat, um eine Wohnung zu erhalten, sowohl eine institutionelle Entkoppelung von Ehe und Familiengründung bedingte als auch eine instrumentelle Einstellung zu Ehe und Familie.[43]

Die fatale staatliche Wohnungsbaupolitik erwies sich überdies als Katalysator für weitere gesellschaftlich unerwünschte Erscheinungen wie die steigende Kriminalität.[44] Die Wohnungsfrage sollte zwar gemäß SED-Parteitagsvorgabe bis zum Jahre 1990 politisch gelöst werden.[45] Doch geschah dies dann anders, als es die DDR-Machthaber erwartet hatten. Nicht die Errichtung neuer Plattenbau-Ghettos in den ostdeutschen Städten,[46] sondern die Flucht hunderttausender DDR-Bürger gen Westen in der Wendezeit 1989/90[47] lösten diese soziale Frage, als sich nun, in Umkehrung des Brecht-Ausspruchs[48] aus dem Jahre 1953, die DDR-Bürger eine neue Regierung suchten.

In der DDR wurden im Zeitraum von 1950 bis 1989 insgesamt 1.455.135 Ehen geschieden. Neben den direkt involvierten Erwachsenen waren auch zehntausende von Kindern von der Eheauflösung

---

41   Voigt, Soziologie, S. 133.

42   Siehe ausführlich dazu Zimmermann.

43   Huinink, S. 39 f.; Nauck, Differenzierung, S. 168.

44   Siehe ausführlich die Untersuchungen von Bohndorf sowie von Klimesch.

45   Honecker, Bericht, S. 35.

46   Sahner, Städte, S. 325 f.

47   Voigt/Belitz-Demiriz/Meck, S. 732 ff.

48   Brecht, S. 1009 f. hatte nach dem Volksaufstand vom 17. Juni im Gedicht »Die Lösung« geschrieben: die SED-Führung meine, „*... daß das Volk Das Vertrauen der Regierung verscherzt habe Und es nur durch doppelte Arbeit Zurückerobern könne. Wäre es da Nicht doch einfacher, die Regierung Löste das Volk auf und Wählte ein anderes.*"

ihrer Eltern betroffen. Das heißt, insgesamt war von den grundlegenden Veränderungen in ihren familiären Lebensverhältnissen jährlich fast ein Prozent der DDR-Bevölkerung betroffen. Kamen zu Beginn der sechziger Jahre auf 100 neue Eheschließungen lediglich 14 Eheauflösungen, so waren es im Jahre 1989 bereits 38 Scheidungen. Während die Gesamtzahl der Eheauflösungen und die Relation der Scheidungsziffer zur Gesamtbevölkerung (je 10.000 der Bevölkerung) zwischen 1959 und 1974 „nur" um zwei Drittel anstieg, verdoppelte sie sich jedoch gemessen an der Zahl der Heiraten (je 100 Eheschliessungen) in dieser Phase. Zwischen 1965 und 1986 hingegen kam es sowohl zu einer Verdoppelung der absoluten Scheidungsziffern als auch des Anteils je 10.000 der Bevölkerung, während, aufgrund des bereits bestehenden hohen Niveaus, die Zahl der Eheauflösungen je 100 Eheschließungen lediglich um 90 % anstieg. Insgesamt gesehen, kamen Ende der achtziger Jahre auf zehn neue Eheschließungen (einschließlich der Zweit- und Drittehen) bereits vier Ehescheidungen.[49]

Graphik 3: Ehescheidungen in der DDR 1950-1989[50]

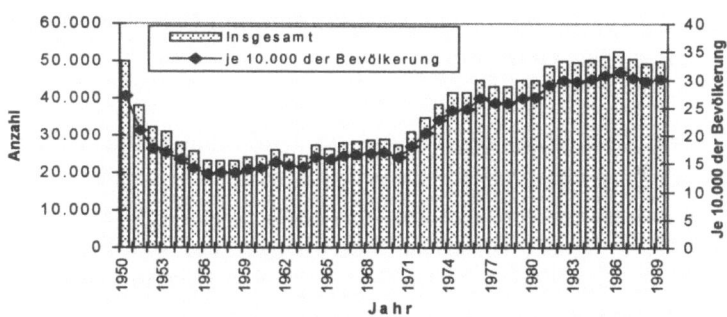

Interessant ist die unterschiedliche Entwicklung von Eheschließungen und -scheidungen im zeitlichen Verlauf der vergangenen 40 Jahre DDR. Bei den Eheschließungen kam es, nach dem absoluten Höchststand im Jahre 1961, zu einem stetigen Rückgang der Heiratswilligen

---

49 Siehe Grutza, S. 27 ff. zur Persönlichkeitsentwicklung mehrfach geschiedener Ehegatten.
50 Erstellt nach: Ehescheidungen in der Deutschen Demokratischen Republik 1958 bis 1972; Ergebnisse der Ehescheidungsstatistik 1973-1989.

- mit einem Tiefststand im Jahre 1967. Anschließend kehrte sich die Entwicklung erneut um und erreichte im Jahre 1977 einen neuen Gipfelpunkt. Bei den Eheauflösungen durch gerichtliches Urteil (nicht durch Tod eines Ehepartners) war hingegen im wesentlichen ein kontinuierliches Ansteigen der Scheidungsziffern konstatierbar.

Während in der alten Bundesrepublik, d.h. in Westdeutschland bis zum 3. Oktober 1990, anfänglich restaurative Tendenzen die Partizipation von Frauen an gesellschaftlichen Prozessen, insbesondere am Berufsleben bremsten und somit den Anstieg der Ehescheidungsziffern verzögerten, kam es in der als sozialistisches Modell gegründeten DDR zu einer divergenten Entwicklung. Der permanente Arbeitskräftemangel beim Aufbau des Sozialismus ließ die vermeintliche Frauenförderung, propagandistisch untermauert mit durchsichtigen Verweisen auf die ideologischen Gründungsväter des Kommunismus, als einen opportunen Ausweg aus der Arbeitskräftenot erscheinen. Die beharrlich propagierte Gleichberechtigung der Frauen in der DDR zielte vor allem auf ihre Einbeziehung in den Arbeitsalltag. Emanzipatorische Impulse gingen von den paternalistischen Dekreten der Politbüro-Gerontokratie kaum aus, und das tradierte Männerbild blieb erhalten, da in der DDR Frauen- fast ausschließlich Familienpolitik war.[51]

Bis zum Mauerbau am 13. August 1961 führte die permanente Westwanderung vornehmlich im erwerbsfähigen Alter stehender Personen zu einem beharrlichen Bevölkerungs- und Arbeitskräfteverlust in der DDR,[52] der die verstärkte Rekrutierung der weiblichen Bevölkerung als Erwerbstätige volkswirtschaftlich notwendig machte und daher auch eine Wandlung des tradierten weiblichen Rollenverständnisses bedingte. Der chronische Arbeitskräftemangel konnte von der DDR-Wirtschaft nicht wie in der Bundesrepublik Deutschland durch Flüchtlinge (aus der SBZ/DDR) oder Gastarbeiter aus dem europäischen Ausland kompensiert werden. Propagiert wurde die Einbeziehung der Frauen in den Arbeitsprozeß unter dem Slogan der Gleichbe-

---

51 Helwig, Rechte, S. 200 f. u. S. 206; Nickel, S. 234 f. Siehe ausführlich dazu auch Diemer sowie Trappe, S. 46 ff.
52 Bethlehem, S. 21 ff.

rechtigung,[53] obgleich dieses Recht auch eine Pflicht beinhaltete, die oftmals als Zwang empfunden wurde.[54] Aus dieser quantitativ und z.T. auch qualitativ höheren Einbeziehung der Frauen in den industriellen Arbeitsprozeß resultierten - vornehmlich im sozialen Bereich - Entwicklungen, die ihrerseits eine gewisse Eigendynamik entwickelten.[55] Zu diesen sozial- und gesellschaftspolitisch mißliebigen Prozessen zählte, aufgrund größerer Selbständigkeit und mehr ökonomischer Unabhängigkeit, u.a. eine stetig wachsende Zahl von Ehescheidungen, die sich diskongruent zum Idealbild der sozialistischen Lebensweise verhielt.[56] Im tradierten DDR-Frauenbild seit den sechziger Jahren gehörte als dritte Funktion, neben der Mutterschaft und dem Beruf, auch der Haushalt *„noch in den weiblichen Aufgabenbereich"*, doch nur *„in den seltensten Fällen"* ließen sich alle drei Funktionen reibungslos vereinen.[57] Die meisten Frauen hatten sich mehr oder weniger in ihre Doppelrolle gefügt und wurden sukzessive von den damit verbundenen inkompatiblen Rollenzwängen aufgerieben,[58] wodurch sich gesundheitliche Probleme und auch Partnerkonflikte häuften und damit letztlich auch die Zahl der Ehescheidungen. Denn der gleichberechtigte Anspruch im Arbeitsleben hatte sich auch sukzessive in den Partner- und Familienbeziehungen fortgeschrieben.[59] Außerdem löste die staatliche Sozialpolitik die zahlreichen Parteitagsversprechen nach temporärer Entlastung der Frauen nur unzureichend ein, da der entsprechende Dienstleistungssektor, wie etwa Großküchen, Reinigungen etc., mangelhaft blieb. Zugleich jedoch entwickelte der gesellschaftliche Teilbereich der Familie eine politisch unerwünschte Ei-

---

53   Dölling, S. 26 f.; Nickel, S. 233 ff. Siehe auch Ludz, S. 854 wonach Anfang der siebziger Jahre etwa die Hälfte der DDR-Frauen im arbeitsfähigen Alter eine Halbtagstätigkeit bevorzugt hätte. Angesichts der permanenten ideologischen Indoktrination war dies ein *„beachtlicher Anteil"*.

54   Nickel, S. 254; Helwig, Einleitung, S. 15. Vgl. auch Schröder, S. 160 ff.

55   Helwig, Frau, S. 10; Mertens, Nachtarbeit, S. 97.

56   Helwig, Familie, S. 57; Mertens, Arbeitshaltung, S. 104 f.

57   Aresin, Eheprobleme, S. 8; Bertram, Leistung, S. 16; Pfister/Voigt, S. 271; Voigt, Schichtarbeit, S. 201 f.

58   Voigt/Voß/Meck, S. 72 f.; Bertram, Wende, S. 275 f.; Dölling, S. 28; Nickel, S. 252 f. Siehe dazu auch die Beispiele in den Interviews von Maxie Wander.

59   Meyer, S. 40.

gendynamik, die letztlich auch von den sozialistischen Machthabern nicht mehr gestoppt, sondern lediglich in einem gewissen Umfang gesteuert werden konnte. Quasi einem perpetuum mobile gleich hatten nämlich die staatlichen Frauenförderpläne der fünfziger und frühen sechziger Jahre eine Entwicklung in Gang gesetzt, die nicht nur die staatlichen Bedürfnisse nach neuen Arbeitskräften *gedeckt*, sondern zugleich die weiblichen Wünsche nach gesellschaftlicher Emanzipation und beruflicher Partizipation *geweckt* hatte.

Ursachen für die steigende Zahl von Eheauflösungen waren, neben der leichteren Scheidbarkeit von Ehen seit der Einführung des Familiengesetzbuches im Jahre 1965,[60] vor allem die fortschreitende Labilisierung der festen sozialen Beziehungen durch die zunehmende Konkurrenzorientierung, die persönliche Wohlstandssteigerung und schließlich die fortschreitende Individualisierung,[61] die insbesondere in der sozialistischen Gesellschaft als Gegenpol zum zwanghaften, staatlich geforderten Kollektiv eine Eigendynamik entwickelte. Somit war das erwartete „Neue" im Familiengesetzbuch, „*die Hervorhebung des Gedankens der gemeinsamen Entwicklung der Ehegatten zur charakterfesten, allseitig gebildeten sozialistischen Persönlichkeit*",[62] offenkundig fehlgeschlagen.

Insgesamt zeigt sich, daß es zwei unterschiedliche Entwicklungen auf dem Gebiet der Familienentwicklung in den beiden deutschen Staaten gab. So war in der DDR zwar vordergründig eine Modernisierung der Familie gegeben, insbesondere was die faktische Verbindung von traditioneller Familie mit hoher Frauenerwerbstätigkeit betraf, zugleich jedoch kam es zu einer gewissen Kontraktion klassischer familiärer Aufgaben, weil die Zahl der Kinder in den Ehen schrumpfte, da die Doppelbelastung der Frauen zu einer fortschreitenden Verringerung der Familiengröße führte.[63] Zu erklären ist dies als eine individuelle weibliche Anpassung an die gesellschaftliche Mehrbelastung, da sich die meisten Männer geschickt ihrer Verantwortung für den

---

60   Siehe ausführlich dazu Obertreis, S. 251 ff. u. S. 275 ff.
61   Kaufmann, Familie, S. 38; Bertram/Borrmann-Müller, S. 14 f.;
62   Püschel, S. 343 (Hervorhebung im Original).
63   Speigner, S. 138 f.; Hille, S. 146; Runge, S. 10; Strohmeier/Schulze, S. 31.

Haushalt und den Familienalltag entzogen und rund 80 % der häuslichen Pflichten von den Frauen erledigt werden mußten.[64] Die Pflicht zur Erwerbstätigkeit und die daraus resultierende Doppelpräsenz wurde von vielen betroffenen Frauen partiell auch als Zwang erlebt,[65] der überdies häufig mit gesundheitlichen Problemen[66] wegen der permanenten physischen und psychischen Überforderung verbunden war.[67] Der daraus resultierende Fluchtversuch vieler Frauen in die Teilzeitarbeit, um so allen Aufgaben gerecht zu werden, war hingegen politisch unerwünscht,[68] da infolge des Arbeitskräftemangels keine freien Ressourcen vorhanden waren.

Aufgrund des allgemeinen Strukturwandels familialer Lebensformen[69] kam es auch in der DDR weniger zu einem Bedeutungsverlust als vielmehr zu einem Bedeutungswandel der Institution Ehe,[70] die weniger auf „ewig" geschlossen wurden,[71] als vielmehr eine temporäre Verbindung darstellte. Überdies wurde durch die vielfältigen staatlichen Maßnahmen zur Familienförderung indirekt auch die Verfestigung der traditierten Geschlechterrollen zementiert, da einseitig die Mütter mit häuslichen Aufgaben belastet wurden.[72] Der hohe Stellenwert der Freizeit und des außerbetrieblichen Privatlebens[73] scheint, zusammen mit der zunehmenden Disponibilität der Ehe, symptoma-

---

64 Bertram, Leistung, S. 16; Grandke, Familienförderung, S. 76; Obertreis, S. 269 f.; Bast/Ostner, S. 243 ff.

65 Nickel, S. 254; Helwig, Einleitung, S. 15.

66 Siehe ausführlich die Untersuchung von Hinze, S. 61 f. u. S. 64.

67 Hille, S. 146; Voigt, Schichtarbeit, S. 183 ff. u. S. 197 ff.

68 Obertreis, S. 305 ff.; Runge, S. 122 f..

69 Bertram/Borrmann-Müller, S. 14 f.; Huinink/Wagner, S. 160 ff.; Peuckert, S. 149 ff.

70 Siehe Nave-Herz, Kontinuität, S. 61. Vgl. Händler, S. 81 f.

71 Bundesarchiv Berlin-Lichterfelde, Best. DDR-Justizministerium, DP-1, Nr. 2049/3; bereits im Jahre 1978 sprachen sich lediglich 70 % der befragten Jugendlichen und jungen Erwachsenen für die Lebenszeitlichkeit der Ehe aus; siehe die vom DDR-Justizministerium am 6. Nov. 1978 erstellte interne »Studie über die Ursachen des Ansteigens der Zahl der Ehescheidungen in der Deutschen Demokratischen Republik«, S. 3.

72 Helwig, Rechte, S. 200.

73 Siehe Böhme, S. 20 ff., die diesen Primat des Häuslichen treffend mit „Privat geht vor Katastrophe" charakterisiert.

tisch für die Suche nach einem selbstbestimmten Freiraum außerhalb starrer staatlicher Verpflichtungen und ehelicher Grenzen.

Die soziale Funktion der Ehe als sicherheitsspendende Institution befand sich in der DDR, auch aufgrund der allumfassenden staatlichen Sozialpolitik, mehr und mehr in Auflösung. Auch die DDR-Justiz paßte sich sukzessive dieser veränderten Situation an. Die fünfziger und frühen sechziger Jahre waren von einer ausgeprägten Scheidungsfeindlichkeit gekennzeichnet,[74] die in der Forderung gipfelte, Ehe und Familie sei im Sozialismus nicht länger *„mehr eine nur individuelle Angelegenheit der Eheleute, sondern hat auch gesellschaftlich erhebliche Ziele zu fördern"*,[75] wie etwa die Arbeitsfreude. Daraus abgeleitet wurde die konsequente Forderung an die Gerichte: *„Dieser neue Inhalt der Ehe in der Rechtsordnung unseres Staates verbietet jede leichtfertige Beurteilung von Ehescheidungsgründen".*[76] Denn außer den *„individuellen Bedürfnissen"* der beiden Ehepartner mußten daher auch die entsprechenden Auffassungen der sozialistischen Rechtsordnung gebührend berücksichtigt werden.[77]

Zusätzlich wurde eine *„weitestgehende Einbeziehung der gesellschaftlichen Kräfte"*[78] in das Scheidungsverfahren gefordert. Die darunter verstandenen Partei- und Gewerkschaftsorganisationen und die jeweiligen Arbeitskollektive und Hausgemeinschaften[79] sollten jedoch zugleich *„mit angemessenem Taktgefühl Rücksicht"*[80] nehmen auf die spezifischen Besonderheiten der jeweiligen ehelichen Beziehung. Die damit angestrebte öffentliche Ausbreitung[81] und Diskussion des Privat- und Intimlebens zweier Menschen war ein sichtbares Signal dafür, daß in der sozialistischen Gesellschaft der Staat sich

---

74 Obertreis, S. 232 ff.

75 Heinrich/Klar, S. 541; § 48 des Ehegesetzes, S. 222; Halgasch, Grundfragen, S. 971.

76 Heinrich/Klar, S. 541. Siehe auch Rohde, Gesellschaft, S. 237 f.

77 § 48 des Ehegesetzes, S. 223 f.; Zur Wirksamkeit des, S. 192 ff.

78 Neue Formen, S. 493.

79 Heinerici, S. 49; Poller, S. 810; Schmidt, S. 197 f.; „Ich beantrage...", S. 137 ff.

80 § 8 EheVo, S. 698. In manchen Fällen zeigten die Kollektive jedoch auch ihre Verwunderung darüber, daß sie miteinbezogen wurden; siehe Neue Formen, S. 493.

81 Siehe Heinerici, S. 50, wonach Kaderleiter und Parteisekretäre aus den Betrieben zu den Gerichtsverhandlungen geladen wurden, jedoch ohne *„sichtbare Erfolge".*

selbst das Recht zubilligte, *„zu kritisieren, wo es Bürger unseres Arbeiter- und Bauern-Staates nicht verstehen, eine einwandfreie sittliche und moralische Einstellung zur Ehe und zur Familie an den Tag zu legen".*[82] Hier wird ein allumfassender Anspruch auf den Bürger und seine Belange deutlich. In Orwellscher Dimension beanspruchte die „Avantgarde der Arbeiterklasse" nicht nur ein umfassendes Recht auf Mißbilligung eines spezifischen Verhaltens, sondern definierte zugleich das entsprechende, ihm genehme konforme Gebaren.

Zwar wurde mit der Einführung des Familiengesetzbuches im Jahre 1965 von diesem rigiden gesellschaftlichen Anspruch an den Fortbestand einer Ehe sukzessive Abstand genommen, jedoch wurde nun vom Obersten Gericht per Dekret eine *„erzieherische Tätigkeit der Gerichte zur Erhaltung von Ehen"* oktroyiert,[83] die im Jahre 1970 noch präzisiert und durch die erneute Einbeziehung der sog. *„gesellschaftlichen Kräfte"*[84] bei der Durchführung des „Versöhnungsauftrages" der Gerichte erweitert wurde.[85] Dabei sollten die private Zerrüttung und die persönlichen Eheprobleme der Partner wiederum unter Mithilfe des Arbeitskollektivs oder der Hausgemeinschaft in der Aussöhnungsverhandlung beraten und gelöst werden,[86] obgleich konzediert wurde, die Einmischung der Kollegen in die familiären Belange sei *„auch heute* [1972; L.M.] *noch umstritten"*, und sogar *„leitende Funktionäre vertreten manchmal die längst überholte Meinung, daß Familien- und Eheprobleme ausschließlich in den persönlichen und intimen Bereich des einzelnen"* gehörten.[87] Kollektive und Leiter wurden daher nachdrücklich aufgefordert, ihre *„Zurückhaltung gegenüber notwendigen Einwirkungen auf gestörte Familienbeziehungen zu überwinden".*[88] Darüber hinaus wurde gefordert, daß auch bei den Familienrichtern ein entsprechendes Umdenken einsetzen müsse, um die nötige *„ideologische Klarheit"* zu schaffen und die politisch

---

82 Poller, S. 810.

83 Beschluß des Plenums, S. 309. Siehe auch Beyer/Neugaertner, S. 348 ff.

84 Ursachen und Tendenzen, S. 199; Schuster, S. 51; Zur Wirksamkeit des, S. 193 ff.

85 Obertreis, S. 122. Siehe auch Wurzler/Lobeck, S. 376 f.; Aus der Praxis, S. 102 f.

86 Siehe Urland, S. 173; Schmidt, S. 197 f.; Schuster, S. 51.

87 Berghoff, S. 107; (Hervorhebung im Original). Siehe auch Harrland/Hiller, S. 625.

88 Ursachen und Tendenzen, S. 200. So auch Schmidt, S. 198.

geforderte *„Mitwirkung gesellschaftlicher Kräfte im Eheverfahren"* im größeren Rahmen aktiv anzuwenden.[89] Wie dies in der Praxis aussah, schildern verschiedene Zeitschriftenbeiträge aus den frühen sechziger Jahren. Mitunter hatte es jedoch Tribunalcharakter, wenn die Richter in die Betriebe gingen und vor den Brigademitgliedern des Beschuldigten die Streitfrage in aller Öffentlichkeit ausbreiteten und diskutierten.[90] Einer der Hauptgründe, weswegen die Arbeitskollektive bei Eheproblemen eingreifen sollten, war *„der ökonomische Schaden in jeder Konfliktsituation durch das Absinken der Leistungsfähigkeit, insbesondere durch den Anstieg der Ausfallzeiten und Fehlerhäufigkeit",*[91] da *„etwa sechzig Prozent aller in permanenten Ehekrisen steckenden Berufstätigen zu irgendeinem Zeitpunkt des Ehekonfliktes arbeitsunfähig geschrieben werden."*[92] Die angestrebte gesellschaftliche Erziehung des sozialistischen Menschen durch Mitwirkung der Kollektive mündete dabei sehr häufig in Selbstverpflichtungen wie etwa der Übernahme von *„Produktionsverpflichtungen"* des Beschuldigten und konnten dabei sogar andere Strafen ersetzen.[93] Noch Anfang der 1970er Jahre wurde die gewünschte Einflußnahme durch die Kollektive und Massenorganisationen als *„absolut unbefriedigend"* angesehen.[94] Die frühere Forderung nach der gesellschaftlichen Relevanz der Ehe blieb zwar in abgewandelter Form bestehen, lediglich die Konfliktlösung war auf diese Art und Weise kollektiviert worden. Statt der früheren harschen Forderung, die Bürger zurück auf den sittlich-moralischen Weg zu leiten, war nun vom Versuch der Aussöhnung die Rede. Parteiideologisch war dies *„ein Ausdruck der gewachsenen Verantwortung des Kollektivs für den einzelnen, eine besondere Form der Anwendung des sozialistischen Prinzips, daß der Fortgeschrittenere dem Zurückgebliebenen hilft."*[95]

---

89   Ursachen und Tendenzen, S. 199.

90   Schmidt, S. 198; Strasberg, Beitrag, S. 44; Esdohr, S. 359; Neue Formen, S. 493.

91   Berghoff, S. 110.

92   Ebd., S. 109. Siehe Winkel, S. 58, wo in 21 untersuchten Fällen die Betriebsaussprachen zehnmal wegen Alkoholmißbrauch und achtmal wegen Arbeitsbummelei erfolgten.

93   Siehe Benjamin, Erziehung, S. 527 u. S. 529.

94   Winkel, S. 57.

95   Benjamin, Erziehung, S. 528.

Insgesamt war seit der Einführung des Familiengesetzbuches, trotz der immer weiter ansteigenden Ziffern von Scheidungsklagen, eine ständig abnehmende Zahl von Klageabweisungen zu verzeichnen.[96] Letztlich jedoch blieben alle diese Anweisungen und auch die diversen Maßregelungen kleinerer Gerichte[97] wegen Nichtbeachtung der erzieherischen Maßnahmen oder der ausgebliebenen Einbeziehung des Arbeitskollektivs[98] relativ wirkungslos, wie es die auf hohem Niveau fortbestehende Ziffer von Delikten wie etwa Alkoholismus oder eheliche Untreue nachdrücklich dokumentierte (siehe die Tabellen 5 und 6). Daher blieb schließlich alles nur eine Frage der ideologischen Sichtweise. Wenn schon der politisch-gesellschaftlich unerwünschte Trend zur Eheauflösung nicht zu stoppen war, dann mußte dieses Phänomen zumindest zu einem positiven Merkmal der sozialistischen Lebensweise uminterpretiert werden, um dem Harmonieanspruch der politisch Herrschenden zu genügen.[99] Dadurch wurde die Scheidung gleichermaßen ideologisch opportun; denn, wie DDR-Familienrechtler ostentativ betonten, spiegelten die Ehescheidungsziffern in der DDR *„die gesellschaftliche Wirklichkeit auf diesem Gebiet viel echter wider als jemals zuvor in Deutschland"*,[100] weil in der sozialistischen Gesellschaft jene rechtlichen, materiellen und religiösen Gründe[101] entfallen seien, die ehedem in der bürgerlichen Gesellschaftsform noch manch eine Ehe als falschen Schein aufrechterhalten hätten.

---

96 Obertreis, S. 276 f.
97 § 8 EheVo, S. 698.
98 Aufgabe der Gerichte zur Erhaltung, S. 710 ff.
99 Meyer, S. 33 f.
100 Harrland/Hiller, S. 622.
101 Auch in der DDR kam es in den katholischen Gebieten, zumindest bis Mitte der 1960er Jahre, zu extrem niedrigen Scheidungsraten; Grandke/Kuhrig, S. 234; Wagner, S. 166 ff.

4. Ehescheidungen nach DDR-Bezirken

Eine Aufschlüsselung der Ehescheidungen nach den einzelnen Bezirken der DDR bot ein überaus interessantes Bild: Mit 40,6 Scheidungen je 10.000 Einwohner lag die Scheidungsneigung in Ost-Berlin doppelt so hoch wie im Mittel der übrigen Republik (20,4). Während in der DDR im Zeitraum 1953-1972 ein Anstieg der Scheidungsrate um 20 % zu verzeichnen war, lag die Zunahme in Ost-Berlin bei 35 %. Hohe Zuwachsraten wiesen auch die Bezirke Halle/S. und Frankfurt/O. auf, die schon 1953 auf einem überproportionalen Niveau lagen. Eine kongruente Entwicklung läßt sich dabei für die Entwicklung der Kriminalitätsrate in Ost-Berlin und Frankfurt/O. konstatieren.[102] Für die höhere Scheidungsquote im Bezirk Frankfurt/O. waren - ebenso wie für die dortige exorbitant hohe Kriminalitätsrate - die in diesem Gebiet liegenden neugeschaffenen Industriestandorte Eisenhüttenstadt und Schwedt mit ihrem überproportionalen Anteil junger Menschen, die unter schwierigen Arbeits- und Lebensbedingungen wohnten, maßgeblich verantwortlich. Trotz der ideologisch *„guten Voraussetzungen"* für die *„Herausbildung und Festigung der neuen zwischenmenschlichen Beziehungen und für die Erziehung der Menschen zu sozialistischen Persönlichkeiten"*[103] in diesen neugeschaffenen Aufbauzentren kam es dort in der Realität des sozialistischen Alltags zu *„einer höheren Anzahl von Ehescheidungen als in anderen Gebieten"* der DDR.[104] Die im Bezirk Halle/S. liegenden Kombinate der Schwerindustrie wie Buna, Leuna bedingten eine ähnliche Negativentwicklung für den ganzen Bezirk. Auch die Ghettoisierung der Arbeiterschaft[105] in den infrastrukturell weitgehend unerschlossenen Plattenbausiedlungen verstärkten diesen Trend.[106]

---

102 Freiburg, S. 89 ff.

103 Kuschel, S. 494.

104 Ebd., S. 495.

105 Bundesarchiv Berlin-Lichterfelde, Best. DDR-Justizministerium, DP-1, Nr. 2049/3; in der vertraulichen »Studie über die Ursachen des Ansteigens der Zahl der Ehescheidungen in der Deutschen Demokratischen Republik«, die das DDR-Justizministerium am 6. Nov. 1978 erstellte, wurde von *„Gebieten konzentrierten Wohnungsneubaus"* (S. 2) gesprochen, in denen die Scheidungsrate dreimal so hoch wie im Republikdurchschnitt läge.

106 Siehe auch Meyer, S. 43; Hörder/Schampe/Scherzer, S. 563 ff.

34

Die Verballhornung des riesigen Neubaugebiets Halle-Neustadt als „Hanoi" (anstatt der Abkürzung Ha-Neu) war charakteristisch, wobei Zahl der Ehescheidungen je 10.000 der Bevölkerung um rund 20 Prozent höher lag als in der Stadt Halle/S. Wie derartige Großsiedlungen die Statistik beeinflußten, zeigt das Beispiel Schwerin. Im Jahre 1983 beispielsweise lag die Zahl der Ehescheidungen je 10.000 der Bevölkerung in diesem Bezirk bei 27,7 Ehelösungen, die Spannbreite reichte jedoch von 23,5 (Schwerin/Land) bzw. 24,5 (Hagenow) bis zu 38,0 (Schwerin/Stadt), wo mehrere Plattenbau-Stadtteile massiv die Statistik beeinflußten.[107] Überaus deutlich wurde dieser negative Einfluß der als „Arbeiterschließfächer" verhöhnten Wohnghettos auch in Ost-Berlin, wo die Zahl der Ehescheidungen je 10.000 der Bevölkerung z.b. im Jahre 1987[108] in den alten gewachsenen Stadtteilen wie z.b. Köpenick (37,0) oder Lichtenberg (25,8) deutlich unter den Anteilen der großen Plattenbausiedlungen Marzahn (43,3) oder Hellersdorf (53,9) lag.

Die wenigsten Scheidungen waren für den Bezirk Dresden zu konstatieren. Dort war Mitte der achtziger Jahre sogar - bei Betrachtung der absoluten Zahlen, die sonst überall in der DDR stiegen - ein geringfügiger Rückgang zu verzeichnen[109] (Dresden war im übrigen auch der Bezirk mit der niedrigsten Kriminalitätsrate).[110] Hier spielten wohl, neben der traditionellen Bodenständigkeit der Menschen in Sachsen, die gewachsenen Strukturen im Arbeits- und gesellschaftlichen Leben eine wichtige Rolle.

---

107 Ergebnisse der Ehescheidungsstatistik 1983. Hg.: Ministerrat der Deutschen Demokratischen Republik, Staatliche Zentralverwaltung für Statistik, Abt. Bevölkerung-Arbeitskräfte-Bildung. Berlin (Ost) 1984 [Vertrauliche Dienstsachen]. Derartige Diskrepanzen war auch in den anderen Jahren festzustellen.

108 Ergebnisse der Ehescheidungsstatistik 1987. Berlin (Ost) 1988 Dieser Niveauunterschied war aber auch in allen anderen Jahren zu konstatieren.

109 Nach dem Höchststand im Jahre 1986 mit 4.623 Scheidungen sank diese 1987 auf 4.414, 4.298 (1988) und 4.426 (1989) ab; Ergebnisse der Ehescheidungsstatistik 1986-89. Hg.: Ministerrat der Deutschen Demokratischen Republik, Staatliche Zentralverwaltung für Statistik, Abt. Bevölkerung-Arbeitskräfte-Bildung. Berlin (Ost) 1987-1990.

110 Freiburg, S. 89, Tab. 5. Zur Kriminalität in der DDR allgemein siehe auch Mertens, Relikt, S. 243 ff.

5. Klageverhalten bei der Ehescheidung

Eine deutliche Wandlung des individuellen Verhaltens, und dies sicherlich als direktes Ergebnis politisch-ideologischer Einflüsse und gesellschaftlicher Vorgaben ist beim Klageverhalten zu konstatieren. Mitte der fünfziger Jahre war das Klageverhalten in der DDR noch relativ geschlechtsneutral ausgeprägt. Seit Ende der fünfziger Jahre kam es jedoch zu einem stetigen Anstieg der weiblichen Klagen zur Eheauflösung. Die Veränderung war zum einen das indirekte Produkt der in den fünfziger Jahren einsetzenden Frauenförderpläne,[111] zum anderen das Resultat der sukzessive einsetzenden ökonomischen Unabhängigkeit der Frauen, die zugleich eine Aufhebung der tradierten weiblichen Unterordnung in der Ehe erleichterte.

Tabelle 3: Ehescheidungen 1958-1989 nach dem Kläger

Jahr	Scheidungen insgesamt	Kläger warder Mann		Kläger war die Frau	
		absolut	in %	absolut	in %
1958	23.167	10.942	46,5	12.189	53,4
1959	24.273	11.319	46,0	12.908	53,9
1960	24.540	11.219	44,8	13.284	55,1
1961	26.114	11.807	45,2	14.280	54,7
1962	24.900	10.703	43,0	14.166	56,9
1963	24.649	10.562	42,8	14.059	57,1
1964	27.486	11.472	41,7	15.990	58,3
1965	26.576	10.731	40,4	15.828	59,6
1966	27.949	10.860	38,9	17.080	61,1
1967	28.303	10.946	38,7	17.348	61,3
1968	28.721	10.819	37,7	17.887	62,3
1969	28.900	10.723	37,2	18.126	62,8
1970	27.407	10.015	36,6	17.331	63,4

---

111 Siehe Obertreis, S. 75 ff.

noch Tabelle 3

Jahr	Scheidungen insgesamt	Kläger war der Mann absolut	in %	Kläger war die Frau absolut	in %
1971	30.831	11.013	35,7	19.818	64,3
1972	34.766	12.226	35,2	22.540	64,8
1973	38.544	13.326	34,6	25.218	65,4
1974	41.615	14.352	34,5	27.263	65,5
1975	41.632	14.230	34,2	27.402	65,8
1976	44.803	15.005	33,5	29.798	66,5
1977	43.137	14.612	33,9	28.525	66,1
1978	43.296	14.217	32,8	29.079	67,2
1979	44.735	14.668	32,8	30.067	67,2
1980	44.794	14.561	32,5	30.233	67,5
1981	48.567	15.682	32,3	32.885	67,7
1982	49.865	15.981	32,0	33.884	68,0
1983	49.624	16.128	32,5	33.496	67,5
1984	50.320	16.096	32,0	34.224	68,0
1985	51.240	16.316	31,8	34.924	68,2
1986	52.439	16.597	31,6	35.842	68,3
1987	50.640	15.758	31,1	34.882	68,9
1988	49.380	15.395	31,2	33.985	68,8
1989	50.063	15.497	31,0	34.566	69,0
Insgesamt	1.203.276	423.778	35,2	779.107	64,7

Darüber hinaus bedingte diese gesellschaftliche Entwicklung der DDR mit ihrer hohen Frauenerwerbstätigkeit eine gewisse Eigendynamik und ein spezifisches weibliches Selbstbewußtsein, welches durch die vielfältigen staatlichen Förderungen für alleinerziehende Mütter zusätzlich sozial abgesichert wurde. Schließlich entstand so, ohne die Gefahr im materiellen Abseits zu landen, ein Sprungbrett für ehedem zögerliche Frauen. Es verwundert daher nicht, wenn Ende der achtziger Jahre fast siebzig Prozent aller Klagen für die Eheauflösung von Frauen eingereicht wurden.

In den Jahren von 1958 bis 1972 hatte sich das geschlechtsspezifische Klageverhalten bei Ehescheidungen in der DDR stark verändert. Während der prozentuale Anteil der scheidungswilligen Männer trotz der steigenden Zahl von Ehescheidungen leicht fiel, hatte sich der Anteil der als Klägerinnen auftretenden Frauen in diesem Zeitraum deutlich erhöht.[112] Kongruent dazu verhielt sich die geschlechterdifferenzierte Entwicklung der gegen die Ehescheidung gerichteten Anträge, die in einem Achtel aller Gerichtsverfahren erfolgten. Hier stand der Verdoppelung der Verhinderungsanträge durch die Männer gleichzeitig eine starke Abnahme der weiblichen Gesuche um ein Drittel gegenüber.[113] Dies war auch ein Zeichen für das wachsende Selbstbewußtsein der Frauen, die sich immer weniger an den Fortbestand der gescheiterten Beziehungen klammerten.

Eine Differenzierung nach der Dauer der geschiedenen Ehen im untersuchten Zeitraum weist einige interessante Besonderheiten auf. Die Scheidungsneigung in den ersten zwei Ehejahren hat sich, prozentual gesehen, nicht verändert. Vom dritten bis zum siebten Jahr lag die Quote in den siebziger Jahren niedriger als Ende der fünfziger Jahre. Umgekehrt verlief die Tendenz jedoch vom achten bis zum siebzehnten Jahr der Ehe; hier hatten sich die Scheidungsraten zeitweise verdoppelt. Bei Ehen, die 25 Jahre und länger dauerten, hat sich die Scheidungsneigung in den siebziger Jahren hingegen wieder verringert, d.h. hier halbiert.[114] Die Mehrzahl der Eheauflösungen geschah nach zwei bis vier Jahren Ehe. Die durchschnittliche Ehedauer betrug in der DDR nur neun Jahre gegenüber zwölf in der alten Bundesrepublik.[115] Für Helms war daher *„die Auffassung, die hohe Zahl der klagenden Frauen hänge mit ihrer wachsenden ökonomischen Selbständigkeit zusammen"*, durchaus plausibel. Das sich wandelnde Klageverhalten versuchte er ideologisch konform so zu erklären: *„Frauen aus sehr lange bestehenden Ehen, unter kapitalistischen Verhältnissen aufgewachsen, oft ohne Berufsausbildung, scheuen sich oft, im*

---

112 Grandke/Kuhrig, S. 234.
113 Ehescheidungen in der, S. 4.
114 Ebd., S. 18.
115 Meyer, S. 37.

Alter durch Klageinitiative ihre Existenz zu gefährden ".[116] Für die jüngeren Partnerschaften galt seiner Ansicht nach diese Restriktion hingegen nicht mehr. Symptomatisch für die wachsende materielle Selbständigkeit der Frauen war der um die Hälfte gesunkene Anteil von Ehescheidungen, in denen eine gerichtliche Unterhaltsverpflichtung des Mannes festgelegt wurde.[117]

Graphik 4: Ehescheidungen 1958-1989 nach dem Kläger[118]

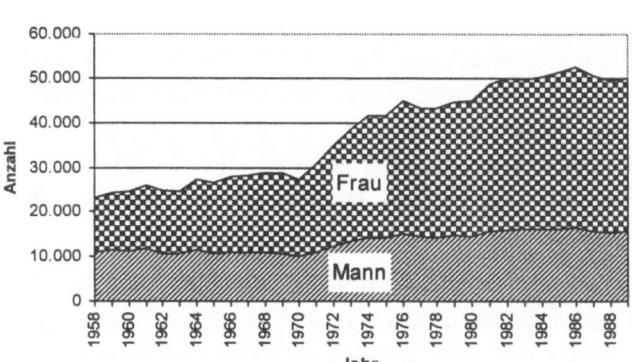

Das noch Mitte der fünfziger Jahre relativ ausgeglichene Klageverhalten hat sich im Zeitverlauf der folgenden dreißig Jahre deutlich verändert. Neben der stark schwindenden Bedeutung der Ehe als Versorgungsinstitution spiegelt sich in dieser Variable auch der politische und gesellschaftliche Wandel in der DDR-Gesellschaft wider. Die ideologisch forcierte weibliche Gleichstellung, primär um dringend benötigte Arbeitskräfte rekrutieren zu können,[119] bedingte eine rasch wachsende ökonomische Unabhängigkeit der Frauen, die zum anderen eine familiale Emanzipation sowie ein steigendes Anspruchsniveau an den Partner auslöste und damit letztlich eine wesentlich größere Bereitschaft und auch Chance zur Ehelösung bedingte. Kennzeichnend

---

116 Helms, S. 74 f.
117 Ehescheidungen in der, S. 15.
118 Erstellt nach: Ehescheidungen in der Deutschen Demokratischen Republik 1958 bis 1972; Ergebnisse der Ehescheidungsstatistik 1973-1989.
119 Sørensen/Trappe, S. 196 ff.

dafür ist sicherlich die deutlich geringere Bereitschaft der Frauen, einen bereits geschiedenen Mann zu heiraten. Diese stärkere Abneigung gegen einen bereits geschiedenen Partner wird durch die deutlich geringere eheliche Untreue[120] als Scheidungsgrund bei Frauen noch unterstrichen.

Im Zeitverlauf ist jedoch eine deutliche Aufweichung dieser beiden Phänomen zu konstatieren, wobei die abnehmende Reserviertheit gegenüber geschiedenen Männern mit der parallel dazu anwachsenden ehelichen Untreue bei den Frauen korreliert. Dies ist ein Ausdruck der deutlich angestiegenen Anspruchs- und Erwartungshaltung an eine Partnerschaft, die ebenfalls aus der oben genannten politisch-gesellschaftlichen Emanzipation und der steigenden ökonomischen Unabhängigkeit der Frauen gespeist wurden, so daß diese nicht mehr alles nur geduldig ertragen mußten, sondern immer häufiger selbst die Initiative ergriffen.[121]

Der in Relation zur Bundesrepublik Deutschland um ein Viertel höhere Anteil berufstätiger Frauen in der DDR[122] - zusammen mit einem rasch wachsenden Anteil weiblicher Personen mit qualifizierter Berufsausbildung[123] - bedingte diese größere Unabhängigkeit, d.h. hier vor allem eine ökonomische Gleichberechtigung[124] dem männlichen Ehepartner gegenüber,[125] die sich jedoch zugleich aufgrund einer permanenten Überbelastung - in der Doppelfunktion von Mutter und Arbeiterin - auch im Heirats- und insbesondere dem Scheidungsverhalten der Frauen im anderen Teil Deutschland widerspiegelte.[126] Denn für die Frauen in der DDR waren die gleichen Rechte mit doppelten Pflichten verbunden.[127] Entscheidend mitverursacht worden

---

120 Siehe Winkel, S. 65, die als wichtige Motive für Untreue u.a. nennt: Inhaltslosigkeit der Ehe, Überlastung oder Gleichgültigkeit des Ehepartners.

121 Siehe Diemer passim; Trappe, S. 83 ff.

122 Dunskus et al., S. 92 f.

123 Voigt/Mertens, Schichtung, S. 416; Mertens, Women, S. 113 ff.

124 Kuhrig/Speigner, S. 64 f.; Stahler, S. 170 ff.

125 Wenzel, Jahr, S. 948 f.

126 Bertram, Wende, S. 276; Hille, S. 146 f.; Runge, S. 120 f.

127 Helwig, Rechte, S. 206.

war dieses Dilemma durch die politischen Fehlentwicklungen der sozialistischen Gesellschaft, welche die dezidierte Frauenförderung der fünfziger Jahre nicht fortsetzte, sondern aus Angst vor Feminisierungstendenzen abbrach und stattdessen Frauenpolitik als Familienpolitik verstand,[128] wodurch die fortbestehenden tradierten (männlichen) Verhaltensregeln nicht nur zementiert, sondern zugleich legitimiert wurden.[129]

Graphik 5: Klagen gegen eine Ehescheidung[130]

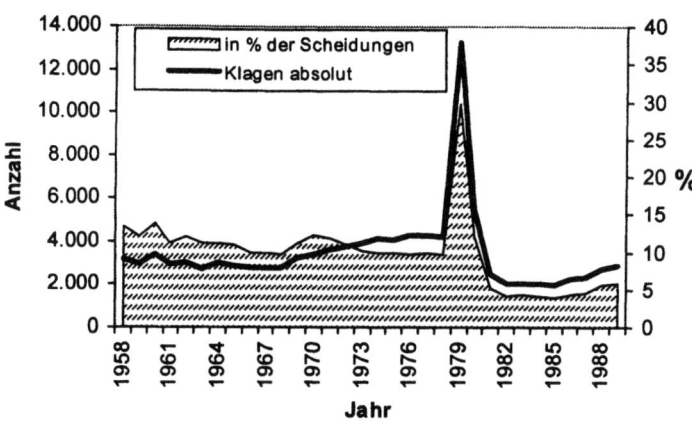

Genau umgekehrt als bei der zuvor beschriebenen Entwicklung der Klageeinreichungen für die Ehescheidung sah das Verhältnis bei den Anträgen gegen eine Auflösung der Ehe aus. So stammten Ende der fünfziger Jahre noch sechs von zehn Klagen gegen eine Eheauflösung von Frauen, die zumeist aufgrund fehlender eigener Berufsausbildung oder wegen tradierter Rollenbilder sich in einer ökonomischen Abhängigkeit vom Ehepartner befanden. Mit einer zeitlichen Verzögerung gegenüber den Klageeinreichungen kam es Mitte der sechziger Jahre kurzzeitig zu einer proportional gleichen Verteilung. Danach

128 Grandke/Gysi/Orth/Rieger, S. 351; Hildebrandt, S. 15 ff. u. S. 26 ff.
129 Trappe, S. 85 ff. Siehe auch Behrend, S. 44 f.
130 Erstellt nach: Ehescheidungen in der Deutschen Demokratischen Republik 1958 bis 1972; Ergebnisse der Ehescheidungsstatistik 1973-1989.

41

jedoch kippte das Klageverhalten erneut und hat sich, im Vergleich zu den fünfziger Jahren, diametral gewandelt. So stammten Ende der achtziger Jahre nur noch drei von zehn Anträgen gegen die Ehescheidung von Frauen. Nun waren es vor allem die Männer, welche gegen eine Auflösung der Ehe Einspruch erhoben und für den Fortbestand der Gemeinschaft kämpften.

Graphik 6: Klagen gegen eine Ehescheidung nach dem Kläger[131]

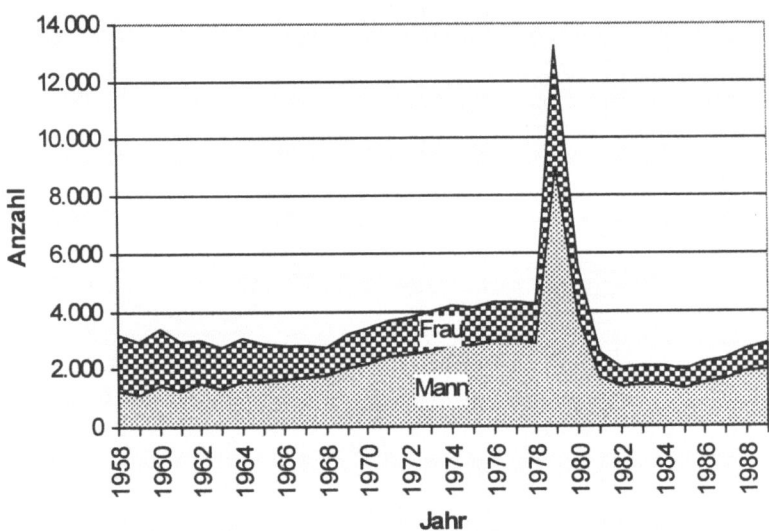

In den sechziger und siebziger Jahren schwankten die Ziffern der gegen eine Eheauflösung eingereichten Klagen relativ geringfügig zwischen zehn und 13 % aller Scheidungen in der DDR. In den achtziger Jahren halbierte sich dann die Zahl der Gegenanträge auf vier bis fünf Prozent aller Eheauflösungen. Eine Sonderstellung nimmt das Jahr 1979 ein, als es zu einem abrupten Anwachsen der Gegenanträge kam. Begründet lag dieser extreme Anstieg in bevorstehenden gesetz-

---

131 Erstellt nach: Ehescheidungen in der Deutschen Demokratischen Republik 1958 bis 1972; Ergebnisse der Ehescheidungsstatistik 1973-1989.

lichen Änderungen im ehelichen Güterrecht sowie beim Unterhalts-
recht.[132]

Diese Sonderentwicklung beeinflußte auch nachhaltig die Durch-
schnittswerte der gesamten Zeitspanne 1958-1989. Ohne das Jahr
1979 lag insgesamt der Anteil der Gegenanträge (statt bei 9,2 %) nur
bei 8,4 % aller Ehescheidungen. Auch das Verhältnis zwischen den
Geschlechtern (gesamt M : F 62,1 % : 37,9 %) verschob sich leicht
(ohne 1979 M : F 61,4 % : 38,6 %), da insbesondere die Männer im
Jahre 1979 überproportional häufig gegen die Eheauflösung eine Klage einreichten. Insbesondere in den Ehedauerkategorien 10 bis 15
Jahre und 15 bis 20 Jahre kam es bei Mann und Frau zu einer Verdoppelung bis Verdreifachung der üblichen Anteile.

---

132   Vgl. Rohde/Mielich/Thoms, S. 249 ff.; Eberhardt, S. 18 ff.

6. Heirats- und Scheidungsalter

Während noch zu Beginn der fünfziger Jahre eine zunehmende Stabilität der neugeschlossenen Ehen zu konstatieren war, begann ab 1959 der stetige, unaufhaltsame Anstieg der Scheidungsziffern (gemessen an je 100 neugeschlossener Ehen). Der sprunghafte Anstieg der Ehescheidungen ab 1965 war auf die abnehmende Scheidungsfeindlichkeit der Gerichte zurückzuführen,[133] als Folge einer veränderten staatlichen Haltung, die bis zum Ende der achtziger Jahre beibehalten wurde. Die Möglichkeit zur Ehescheidung wurde nun als *„eine positive Erscheinung"* gesehen, da sie erkennen liesse, *„wie sehr sich die gesellschaftliche Stellung der Bürger der DDR von der in früheren bzw. in den bis heute bestehenden imperialistischen Staaten"*[134] unterscheide. In den vier bis sechs Prozent aller Scheidungsklagen, die ungeachtet dessen noch von den Gerichten abgewiesen wurden, wurde *„schon nach verhältnismäßig kurzer Zeit erneut vom gleichen Ehegatten die Scheidungsklage erhoben"*.[135] In 70-80 % dieser beim ersten Mal noch abgewiesenen Klagen wurde dann jedoch, *„im Hinblick auf die eingetretene Zerrüttung"*, die Scheidung ausgesprochen.[136] Dahinter stand die generelle Einsicht der Parteiideologen, diesen Entwicklungsprozeß nicht mehr stoppen zu können. Initiator und Motor dieser veränderten juristischen Behandlung der Scheidungsklagen war im übrigen die DDR-Justizministerin Benjamin persönlich. Die in zahllosen Strafprozessen aufgrund ihrer Radikalität und drakonischen Strafen so berüchtigte „rote Hilde" trat beim Familienrecht hingegen für eine progressive und liberale Haltung ein.[137] Ein Rolle spielte dabei sicherlich auch, daß der in einer kleinbürgerlichen Moral verhaftete Walter Ulbricht Mitte der sechziger Jahre, nach der Sicherung seines Machtbereiches, kleineren gesellschaftlichen Korrekturen etwas aufgeschlossener gegenüberstand.[138]

---

133 Obertreis, S. 232.

134 Grandke/Orth, S. 50.

135 Ursachen und Tendenzen, S. 198.

136 Ebd., S. 199.

137 Zum politischem Wirken Benjamins siehe die Biographien von Brentzel und Feth.

138 Vgl. Klose, S. 109, Anm. 7 zur monogamen Sichtweise Ulbrichts im Jahre 1960.

Weiterführende Erkenntnisse, die auch für die achtziger Jahre noch Geltung hatten, vermittelt die interne, von der Zentralverwaltung für Statistik zusammengestellte Übersicht »Ehescheidungen in der Deutschen Demokratischen Republik 1958 bis 1972. Zahlenübersichten«, die detaillierte Einblicke in die Problematik gewährt. Danach waren Veränderungen bereits beim Heiratsalter festzustellen. Die Zahl der Eheschließungen, in denen beide Partner über 21 Jahre alt waren, sank im Zeitverlauf (1958-1972) um 10 % auf die Hälfte aller in der DDR geschlossenen Ehen. Darüber hinaus wurde das Heiratsalter stark vom Geschlecht mitbestimmt.[139] Bei den 47.960 im Jahre 1972 geschlossenen Ehen, in denen ein Partner noch nicht 21 Jahre alt war, war dieser nur in 3.469 (7,2 %) Fällen männlichen, jedoch 44.491mal (92,8 %) weiblichen Geschlechts.[140] Unter Hinzufügung der Ehen, in denen beide Partner unter 21 Jahre alt waren, ergibt sich daraus, daß nur ein Siebtel der heiratenden Männer, aber fast die Hälfte der Frauen bei der Eheschließung unter dieser Altersgrenze lag. Insbesondere das sich wandelnde Sexualverhalten[141] und der häufigere voreheliche Geschlechtsverkehr scheinen diese Entwicklung mitbeeinflußt zu haben. Für sozialistische Wissenschaftler kam bei dieser Entwicklung zwar *„im Positiven die Überwindung der bürgerlichen doppelten Moral zum Ausdruck"*,[142] obgleich die in manchen Fällen damit verbundene *„unbeabsichtigte, aber trotzdem eingetretene Schwangerschaft der Anlaß zur Eheschließung"*[143] war, ohne daß die beiden jungen Menschen sich der Tragweite ihres Entschlusses bewußt waren, der überdies häufig von außen, d.h. meist den Eltern, noch nachhaltig forciert wurde. Die staatlichen Sozialmaßnahmen, insbesondere auch die Familienkredite für Kinder,[144] sorgten - neben dem Wunsch nach eigener Wohnung - für eine wachsende Zahl von Frühehen.[145] Darüber hinaus sank das Durchschnittsalter der

---

139 Siehe Harnisch passim.
140 Ehescheidungen in der, S. 40.
141 Siehe Thieme und Bronnen/Henny.
142 Bittighöfer, S. 798.
143 Aresin, Eheprobleme, S. 7.
144 Helwig, Familie, S. 67; Obertreis, S. 316 f.
145 Siehe auch Bertram, Wende, S. 282; Peuckert, S. 275.

Frauen bei der Geburt des ersten Kindes von 22,8 Jahren (1955) auf 21,6 Jahre (1980).[146] In den achtziger Jahre zeichnete sich dann eine Trendwende zu Geburten im höheren Lebensalter ab, so daß das Durchschnittsalter der erstgebärenden Frauen auf 22,9 Jahre (1989) anstieg.[147] Kinderlose Ehen waren daher in der DDR eher eine Ausnahme. Jedoch war seit den 1970er Jahren ein deutlicher Trend zur Ein-Kind-Ehe konstatierbar,[148] der durch die vorübergehende Attraktivität gegensteuernder neuer sozialpolitischer Maßnahmen lediglich verzögert, aber nicht gestoppt werden konnte.[149]

Während 1985 das durchschnittliche Heiratsalter bei den ledigen Frauen gegenüber 1960 um ein Vierteljahr auf 22,2 Jahre sank, stieg es bei den ledigen Männern um ein Vierteljahr (auf 24,3 Jahre) an. Der durchschnittliche Altersunterschied blieb mit 2,7 Jahren gleich.[150] Die „vorschnelle, leichtfertige Eheschließung junger Menschen"[151] wurde parteiideologisch als Ausdruck einer mangelhaften Vorbereitung auf die Ehe gewertet; insbesondere da sich viele Paare schon nach kurzer Zeit wieder trennten.[152] Dies war vor allem ein Indiz für die psychische Unreife der Partner.[153] Denn im Gegensatz zu den westlichen Industriestaaten spielte im DDR-Sozialismus die ungünstigere wirtschaftliche Situation von Frühehen seltener eine Rolle. Für die mangelhafte Vorbereitung der Partner mitverantwortlich gemacht wurden - neben den Eltern - die staatlichen Institutionen und die „gesellschaftlichen Organisationen" wie FDJ und FDGB, die es an einer gründlichen Vorbereitung der „sozialistischen Persönlichkeiten" hätten fehlen lassen. Eingestanden wurde von Halgasch/ Lungwitz aber auch, daß die ungelöste Wohnungsfrage den „psychologischen Prozeß des Sichzusammenfindens der Ehepartner" nicht

---

146 Siehe Meyer, S. 35 f.
147 Frauenreport, S. 27.
148 Dorbritz, S. 181.
149 Frauenreport, S. 31 f.
150 Stat. Jb. der DDR 1986, S. 373. Vgl. auch Huinink, S. 49 f.
151 Halgasch/Lungwitz, S. 75.
152 Aresin, Eheprobleme, S. 7.
153 Siehe auch Klein, Ehescheidung, S. 78.

gerade erleichterte.[154] In diesem Zusammenhang ist darauf hinzu-
weisen, daß noch im Jahre 1982 fast die Hälfte aller verheirateten
Frauen (d.h. hier Jungfamilien) in der DDR bei der Geburt ihres
ersten Kindes keine eigene Wohnung besaß;[155] der diesbezügliche
Versorgungsgrad lag bei der Geburt des zweiten Kindes bei etwa
90 % der Ehen. In einer vertraulichen Studie des Leipziger »Zentral-
instituts für Jugendforschung« vom April 1986 spiegelte sich dieser
„hohe Versorgungsgrad mit Wohnraum" ideologisch positiv gewen-
det darin wider, *„daß 93 % der jungen Werktätigen mit zwei und mehr
Kindern eine eigene Wohnung haben."*[156] Im Umkehrschluß bedeutete dies jedoch, daß jede 14. Familie mit zwei oder mehr Kindern
keine eigene Wohnung hatte, sondern bei Eltern/Schwiegereltern oder
anderen Verwandten zur Untermiete wohnen mußte.

Diese Zahlen spiegelten die sozialen und psychischen Auswirkungen der Wohnungsnot in der DDR auf die Situation der jungen Familien wider und betonten die große sozialpolitische Relevanz der ver-
fehlten staatlichen Wohnungsbaupolitik, die zum einen von einem
planwirtschaftlichen Dirigismus gekennzeichnet war[157] und zum anderen den SED-Parteitagsbeschlüssen gemäß erst im Jahre 1990 *„soziale Frage"* gelöst sein sollte.[158]

Ein indirekter Hinweis auf die alltäglichen Probleme in der sozialistischen Mangelgesellschaft, in der es permanent an Handwerkern
und Ersatzteilen fehlte, war auch, daß in den DDR-Wochenzeitungen
Frauen in Heiratsannoncen[159] unter den als wünchenswert angege-
benen Eigenschaften ganz offen nach *„handwerklich geschickten"*
Partnern Ausschau hielten.[160]

---

154 Halgasch/Lungwitz, S. 75, Anm. 13.

155 Wendt, S. 121. Siehe auch Esdohr, S. 357 ff.; Höding, S. 101; Harrland/Hiller, S. 624.

156 Bertram, Leistung, S. 16.

157 *„Aufgrund der gesetzlichen Bestimmungen wird kein Mietverhältnis ohne staatliche
Wohnungszuweisung rechtskräftig"* (Becher/Lünser 1976, S. 487).

158 Honecker, Bericht, S. 35.

159 Poller, S. 809 hatte 1958 Heiratsannoncen noch als *„Überbleibsel aus der kapitalistischen Zeit"* bezeichnet, die nicht mehr in die Zeitschriften aufgenommen werden sollten.

160 Pfister/Voigt, S. 268.

Überdies war die frühe Eheschließung eine Möglichkeit, sich einen individuell-privaten Freiraum jenseits der staatlichen Reglementierung und gesellschaftlichen Lenkung durch die SED zu schaffen.[161] Statt dem gemeinsamen Kinderwunsch[162] war in der DDR oftmals die angestrebte Wohnungszuteilung[163] ein *„zentrales Heiratsmotiv"* für die raschen Eheschließungen junger Menschen. Daher erstaunt es nicht, daß die Zahl der alleinerziehenden Mütter in der DDR fast doppelt so hoch war wie in der alten Bundesrepublik Deutschland.[164] Der Geburtenanteil unverheirateter Mütter an der Gesamtzahl der Lebendgeburten in der DDR hatte sich darüber hinaus von 13,3 % (1970) auf 34,4 % im Jahre 1986 mehr als verdoppelt.[165] Bereits Anfang der achtziger Jahre kamen in der DDR auf je 100 (vollständige) Kernfamilien 18 sog. Elternteil-Familien, vor allem alleinerziehende Mütter. Für diese galt: *„Alleinleben mit Kindern war in der DDR nur selten eine Lebenshaltung, sondern eher eine zwangsläufige Folge gescheiterter Partnerschaft."*[166]

161 Voigt/Voß/Meck, S. 52 f.; Gysi/Meyer, S. 151; Strohmeier/Schulze, S. 33.

162 Siehe Kaufmann, Familie, S. 97 für den Kinderwunsch als Eheschließungsmotiv.

163 Gysi/Meyer, S. 144.

164 Siehe Frauenreport, S. 112 f.; Helwig, Familie, S. 94 f.

165 Familienleben, S. 47, Tab. 1. In den fünf neuen Ländern wurden im Jahre 1996 sogar 42 % aller Kinder außerhalb einer Ehe geboren, im Vergleich zum alten Bundesgebiet lag der Anteil damit viermal höher; Statistisches Bundesamt, Pressemitteilung vom 2. Okt. 1997.

166 Frauenreport, S. 112. Siehe dazu auch Familienleben, S. 276; Fischer/Henschel, S. 39 f.

7. Familienstand bei der Eheschließung

Eine weitere gesamtgesellschaftliche Dimension der beharrlich anwachsenden Ehescheidungsziffern in der DDR verdeutlicht die Veränderung des familialen Status der Partner bei der Eheschließung. Unter Außerachtlassung der bis zum Jahre 1955 relativ hohen Zahl von verwitweten Personen (als Folge des Zweiten Weltkrieges - besonders der exorbitant hohe Frauenanteil an den Wiederverheiratungen verwitweter Personen belegt diese externe Einwirkung) lag der Anteil von verwitweten Partnern bei zwei bis drei Prozent aller Eheschließenden. Besonders auffällig war jedoch der wachsende Anteil von Geschiedenen, der kontinuierlich im Zeitverlauf der Jahrzehnte anstieg. Bei den Männern waren von 100 Eheschließenden im Jahre 1955 bereits 16,5 % geschieden (bei den Frauen nur 10,5 %). Im Jahre 1970 standen bei 100 Eheschließungen 16 geschiedenen Männern bereits 13,5 geschiedene Frauen gegenüber. Die deutliche Veränderung des Familienstandes vor einer erneuten Eheschließung dokumentiert der wachsende Prozentsatz von Ehen, in denen beide Partner bereits einmal geschieden waren. Waren im Jahre 1950 nur bei jeder 25. Eheschließung beide Ehepartner schon einmal geschieden, so hatte sich dieser Anteil bis zum Ende der Ära Ulbricht im Jahre 1970 verdoppelt, als bereits bei jeder 12. Eheschließung beide Partner zumindest einmal geschieden waren.[167] Denn es heirateten nun immer mehr schon Geschiedene ein zweites, drittes oder gar viertes Mal.[168] Die soziologische Kategorisierung zeitweilig zusammenlebender Personen als sogenannte *„Lebensabschnittspartner"* erhielt dadurch für die DDR bereits frühzeitig eine entsprechende Berechtigung.

Ledige oder verwitwete Männer heirateten im Jahre 1972 etwas häufiger als etwa Ende der fünfziger Jahre geschiedene Frauen (7,1 % statt 5,7 % in 1958). Bei ledigen oder verwitweten Frauen war hingegen - prozentual gesehen - eine abnehmende Neigung (- 0,2 %) zur Eheschließung mit einem schon geschiedenen Partner zu erkennen.[169] Deutliche Differenzen waren diesbezüglich auch bei den Geschie-

---

167 Grandke/Rieger, S. 68.

168 Siehe Grutza, S. 42 ff. zu deren Eheschließungsmotiven.

169 Ehescheidungen in der, S. 16 f., Tab. 8.

denen feststellbar.[170] Während die Zahl geschiedener Männer, die ledige oder verwitwete Frauen wählten, prozentual gleichblieb, stieg
der Anteil bei den geschiedenen Frauen, die einen ledigen oder verwitweten Mann heirateten, deutlich an. Hier wurde insgesamt eine
deutliche, speziell weibliche Abneigung gegenüber einem Partner mit
einer bereits gescheiterten Beziehung sichtbar. Eine Rolle dürfte dabei spielen, daß Frauen einen Mann häufig auch in der Rolle als (Er-
satz-)Vater für ihre Kinder aus einer früheren Beziehung beurteilten
und schon aus diesem Grund geschiedenen Männern kritischer gegen-
überstanden.

Graphik 7: Durchschnittliches Ehescheidungs- und Heiratsalter
1958-1971[171]

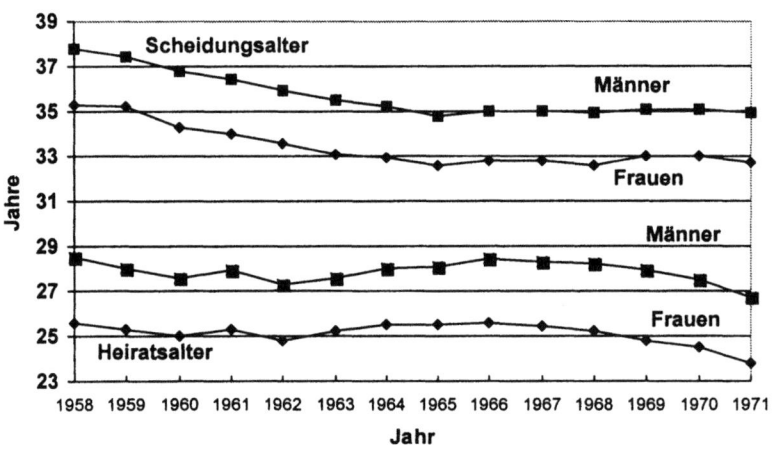

Im Vergleich zur alten Bundesrepublik war in der DDR der institutionelle Charakter der Ehe schwächer ausgeprägt. Die Funktion der

---

170 Während die Angaben in Tab. 4 aus den früher »Vertrauliche Dienstsache« klassifizierten
   geheimen Materialien der Staatlichen Zentralverwaltung für Statistik das wahre Ausmaß
   widerspiegeln, waren der breiten Öffentlichkeit im Stat. Jb. der DDR (z.B. 1986, S. 372)
   nur geschönte Zahlen präsentiert worden (statt der 6,0 % für 1960 wurden 4,3 % ausgewiesen; im Jahre 1970 waren es 7,3 % statt der 8,2 %).

171 Erstellt nach: Ehescheidungen in der Deutschen Demokratischen Republik 1958 bis 1972;
   Ergebnisse der Ehescheidungsstatistik 1973-1989.

Familie war im wesentlichen auf die Funktionen Konsum und Versorgung beschränkt.[172] Denn andere familiäre Aufgaben, wie etwa die Erziehung und Betreuung von Kindern, waren infolge der hohen Frauenerwerbstätigkeit aus dem inneren Zirkel der Familie ausgelagert und oblagen, ebenso wie die soziale Sicherung, der sozialistischen Gesellschaft, die dafür einen umfangreichen sozialpolitischen Katalog bereithielt. Dieser reduzierte Verpflichtungscharakter der Ehe begünstigte zugleich einen hohe Bereitschaft zur Heirat, da die institutionelle „Abschreckungsfunktion" (Höhn/Dorbritz) nur vermindert gegeben war. Hieraus läßt sich gleichzeitig auch die große Bereitschaft zu Zweit- und Dritteheschließungen erklären,[173] da die beschränkte Funktionalität der Ehe parallel auch eine eingeschränkte Skepsis gegenüber der Institution bewirkte. Darüber hinaus hatten Zweit- und Dritteheschließungen ein wesentlich höheres Risikopotential, da ein geringerer normativer Konnex an die Beziehung sowie niedrigere soziale Hürden und psychische Barrieren gegen eine Trennung bestanden.[174] Die Institution Ehe wurde daher in der DDR immer seltener eine lebenslange, unauflösliche Verbindung. Die Auflösung der Partnerschaft war ein von vornherein einkalkuliertes Risiko bei der Eheschließung.[175] Auch wenn die soziale Funktion der Ehe als einer sicherheitsspendenden Einrichtung sich in der DDR, auch aufgrund der allumfassenden Sozialpolitik des sozialistischen Staates, mehr und mehr auflöste, so blieb die Position der Ehe als Rechtsinstitut unverändert erhalten,[176] wie es auch die hohe Zahl von Zweit- und Dritteheschließungen belegt. Die Paarbeziehung als eine langjährige Schicksalsgemeinschaft[177] wandelte ihren Charakter dabei mehr und mehr zu einer zeitlich befristeten Lebensabschnittsgemeinschaft.[178] Mit der stetig ansteigenden Zahl von Zweit- und Dritteheschließungen

---

172 Höhn/Dorbritz, S. 156.

173 Siehe auch Heerekens, S. 38 ff.

174 Klein, Ehescheidung, S. 79.

175 Meyer, S. 40. Siehe auch Heerekens, S. 51 ff.

176 Siehe auch Hoffmann-Nowotny, S. 5 f.

177 Siehe Kaufmann, Sozialpolitik, S. 39.

178 Siehe auch Diewald, S. 56 ff. zur Bedeutung der persönlichen Bindungen und informellen Beziehungen im Freundeskreis sowie im Arbeitskollektiv.

büßte, parallel dem Bedeutungsverlust der Institution Ehe, auch das gesellschaftliche Stigma der Geschiedenen stark an Bedeutung ein,[179] die sozialen und normativen Barrieren sanken, da Eheauflösung und Partnertrennung zu einem festen Bestandteil des realen Familienleitbildes geworden waren.[180] Darüber hinaus kam es auch in der DDR zu einer gewissen Pluralisierung der familialen Lebensformen, so daß soziale Zwänge abgebaut wurden.[181] Vor allem da das Arbeitskollektiv für viele Beschäftigte nicht nur eine wichtige private Nischenfunktion erfüllte, sondern für manchen „Werktätigen" sogar eine Art Ersatzfamilie darstellte,[182] die überdies solche dem gesellschaftlichen Leitbild zunächst nicht entsprechende Beziehungen eher tolerierte.[183]

Graphik 8: Ehescheidungen nach dem Familienstand vor der Eheschließung (absolut)[184]

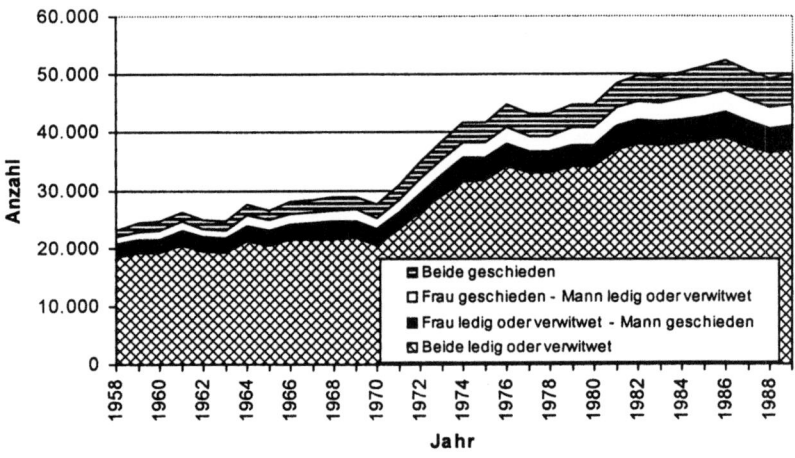

---

179 Kuhrig, Liebe, S. 806.

180 Meyer, S. 40.

181 Dorbritz, S. 184; Meyer, S. 40.

182 Ausführlich dazu Parmalee, S. 76 ff; Roesler, S. 14 ff.

183 Siehe Parlamee, S. 79 f.

184 Erstellt nach: Ehescheidungen in der Deutschen Demokratischen Republik 1958 bis 1972; Ergebnisse der Ehescheidungsstatistik 1973-1989.

Ein Gegenmodell zur konventionellen Ehe, die oftmals ungeachtet aller ideologischen Verlautbarungen und politischen Ansprüche noch stark patriarchalisch geprägt war, war die Lebensform der Alleinerziehenden mit Kindern, die sog. Elternteil-Familie.[185] Obgleich diese Entwicklung politisch und gesellschaftlich eher unerwünscht war und in der Forschungsliteratur immer wieder die hohe Zahl alleinerziehender Mütter beklagt wurde, hatte der paternalistische Obrigkeitsstaat sozialistischer Prägung hier ungewollt einen kleinen Freiraum geschaffen.

Tabelle 4: Ehescheidungen nach dem Familienstand
vor der Eheschließung

Jahr	Familienstand der Frau vor der Eheschließung			
	ledig oder verwitwet		bereits geschieden	
	Familienstand des Mannes vor der Eheschließung			beide Partner bereits geschied.
	ledig oder verwitwet	bereits geschied.	ledig oder verwitwet	
1958	18.381	2.255	1.319	1.212
1959	19.060	2.441	1.349	1.394
1960	19.055	2.545	1.432	1.471
1961	20.540	2.555	1.452	1.567
1962	19.475	2.432	1.374	1.619
1963	19.231	2.419	1.422	1.577
1964	21.100	2.820	1.766	1.800
1965	20.469	2.547	1.768	1.792
1966	21.375	2.810	1.829	1.935
1967	21.452	2.849	1.910	2.092
1968	21.597	2.945	2.016	2.163
1969	21.658	2.961	1.975	2.306
1970	20.441	2.769	1.952	2.245

185   Siehe ausführlich Familienleben, S. 268 ff.; Frauenreport, S. 112.

| Jahr | Familienstand der Frau vor der Eheschließung ledig oder verwitwet | | bereits geschieden | |
| | Familienstand des Mannes vor der Eheschließung | | | beide Partner |
	ledig oder verwitwet	bereits geschied.	ledig oder verwitwet	bereits geschied.
1971	23.272	2.994	2.097	2.468
1972	26.159	3.303	2.461	2.843
1973	29.044	3.699	2.694	3.107
1974	31.570	3.948	2.694	3.403
1975	31.792	3.771	2.687	3.382
1976	34.002	4.029	2.924	3.848
1977	32.898	3.735	2.755	3.749
1978	32.970	3.600	2.836	3.890
1979	34.034	3.814	2.926	3.961
1980	33.945	3.853	2.978	4.018
1981	37.023	4.031	3.296	4.217
1982	37.873	4.238	3.228	4.526
1983	37.666	4.131	3.314	4.513
1984	38.003	4.301	3.449	4.567
1985	38.499	4.336	3.518	4.887
1986	39.122	4.362	3.680	5.275
1987	37.528	4.365	3.738	5.009
1988	36.464	4.209	3.703	5.004
1989	36.885	4.187	3.848	5.143

Die entsprechenden arbeitsrechtlichen Sonderregelungen, wie etwa das Recht Alleinerziehender auf ausschließliche Beschäftigung in der Tagesschicht (statt der ungeliebten Nacht- und Mehrschichtarbeit) sowie oder einem längeren tariflichen Urlaub,[186] öffneten - bei geschickter Ausnutzung der Vergünstigungen - eine soziale Nische, so daß viele Frauen formell zwar als Alleinerziehend registriert waren, obgleich sie mit einem neuen Partner zusammenlebten. Aus diesem Grund stieg in den achtziger Jahren neben der Zahl der unehelich geborenen Kinder, auch jene der formell alleinerziehenden Mütter an, die jedoch häufig mit einem Partner zusammenlebten,[187] da diese Frauen bei einer Wiederverheiratung auf manche speziellen Privilegien für Alleinerziehende hätten verzichten müssen. Zugleich war, wenn beide eine eigene Wohnung hatten, kein konkreter materieller Anreiz für eine erneute Eheschließung gegeben.[188] Daher lebten im Jahre 1989 rund 340.000 Elternteil-Familien (Alleinerziehende), dies entsprach fast einem Fünftel der Kernfamilien in der DDR.[189]

Graphik 9: Ehelösungen von bereits aus früheren Eheschließungen geschiedenen Partnern 1958-1989[190]

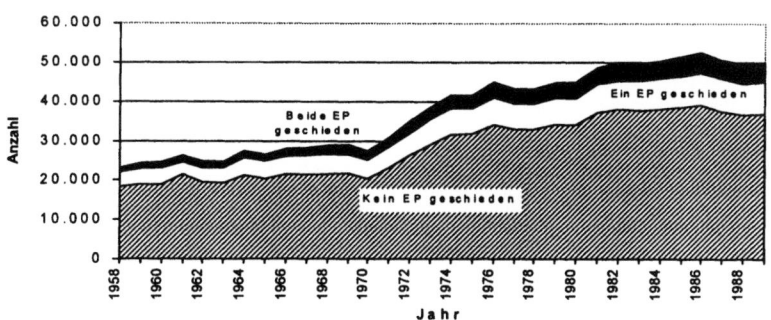

---

186 Siehe Schubert, S. 142 f.

187 Sozialreport, S. 276. Siehe Familienleben, S. 47, Tab. 1, wonach im Jahre 1986 über ein Drittel aller Geburten von unverheirateten Frauen waren.

188 Gysi/Meyer, S. 147 f., sprechen von einem „gewissen Zwang", der auf die nichtehelichen Lebensgemeinschaften ausgeübt wurde, da diese, aufgrund der Ehe-Orientierung der SED-Führung, bei denFamiliengründungsdarlehen unberücksichtigt blieben und bei der Wohnungsvergabe benachteiligt wurden.

189 Frauenreport, S. 112 f. Siehe auch Gysi/Meyer, S. 146 f.

8. Scheidungsgründe

Größere Verschiebungen waren bei den Zerrüttungsgründen (in absoluten Werten; die prozentualen Angaben suggerieren hier eher eine Nivellierung) für die Ehescheidung festzustellen, wobei insbesondere die interpersonalen Gründe und die affektiv-emotionalen Faktoren dominierten. Häufiger als früher (1958/59) wurde Anfang der siebziger Jahre die eheliche Untreue der Frau als Scheidungsgrund angegeben.[191] Hatte dieser Grund Ende der fünfziger Jahre - gemessen an den absoluten Werten des Ehebruchs beim Mann - nur bei einem Viertel der Frauen zur Scheidung geführt, so war es im Jahre 1972 mehr als halb so oft der Fall. Ob dies eine (unerwünschte) Folge der *„Erziehung der jungen Generation zu sittlich wertvoller Partnerschaft"*[192] war oder aber des gestiegenen weiblichen Selbstbewußtseins infolge der ökonomischen Unabhängigkeit, bleibt ungeklärt. Die nicht näher bezeichneten sexuellen Trennungsgründe,[193] d.h. hier vor allem »sexuelles Mißverstehen« und die »Probleme in der Partnerschaft«,[194] hatten sich verdoppelt; hier zeigte sich eine größere Anspruchshaltung gegenüber dem Partner.[195]

---

190 Erstellt nach: Ehescheidungen in der Deutschen Demokratischen Republik 1958 bis 1972; Ergebnisse der Ehescheidungsstatistik 1973-1989.
191 Grandke/Rieger, S. 68.
192 Bittighöfer, S. 791.
193 Aresin, Sexualleben, S. 462 f.
194 Böttcher, S. 184.
195 Reissig, S. 58 f.; Schnabl, Sexualstörungen, S. 101 f. Dies zeigte sich auch in den Heiratsannoncen siehe Pfister/Voigt, S. 267.

Tabelle 5: Zerrüttungsgründe im Zeitverlauf 1959 und 1972[196]

Zerrüttungsgrund	1959 abs.	in %	1972 abs.	in %
Untreue d. Mannes	8.712	31,7	10.166	21,4
Untreue d. Frau	2.682	9,8	5.747	12,1
Sexuelle Gründe	1.681	6,1	8.379	17,6
Kinderlosigkeit	343	1,2	476	1,0
Materielle Schwierigk.	937	3,4	2.134	4,5
Alkohol d. Mannes	3.790	13,8	8.269	17,4
Alkohol d Frau	131	0,5	253	0,5
übrige Gründe	8.173	22,9	36.429	43,4
Insgesamt	35.635	100,0	83.975	100,0

Als Scheidungsursache spielte hingegen die Kinderlosigkeit einer Ehe auch weiterhin eine sehr geringe Rolle.[197] Absolut und prozentual angestiegen waren allerdings die »Materiellen Schwierigkeiten«, die zu einer Zerrüttung der Ehe beitrugen; sehr erstaunlich war dieser Umstand bei einem allgemein gestiegenen Lebensstandard[198] in einer sich vorgeblich ständig fortentwickelnden sozialistischen Gemeinschaft. Überdies galt doch: *„In der sozialistischen Gesellschaft darf niemand mit seinen Sorgen und Problemen allein bleiben."*[199] Hier ist jedoch zu vermuten, daß neben einem grundsätzlich gestiegenen individuellen Anspruchsniveau, auch die exorbitanten Handelspreise für sogenannte Luxusgüter, etwa für einen Farbfernsehgerät 5.650 DDR-Mark oder einen Cassettenrecorder 1.160 DDR-Mark betrugen,[200] eine Rolle spielten. Denn bei Durchschnittslöhnen in der Industrie

---

196 Erstellt nach: Ehescheidungen in der Deutschen Demokratischen Republik 1958 bis 1972; Zahlenübersichten. Hg.: Ministerrat der Deutschen Demokratischen Republik, Staatliche Zentralverwaltung für Statistik, Abt. Bevölkerung-Arbeitskräfte-Bildung. Berlin (Ost) März 1974 [Vertrauliche Dienstsache].

197 Siehe auch Nave-Herz et al., S. 59, welche dieses auch für die Bundesrepublik bestätigen.

198 Grandke/Orth, S. 53.

199 So Grandke in der »Berliner Zeitung«, dem Organ der SED-Bezirksleitung Ost-Berlin; zit. in Bronnen/Henny 1975, S. 93.

200 Preisangaben für 1985 nach: Zahlenspiegel. Ein Vergleich: Bundesrepublik Deutschland/ Deutsche Demokratische Republik. Hg.: Bundesministerium für innerdeutsche Beziehungen. Bonn 1988, 2. Aufl., S. 77.

von 900-1.000 DDR-Mark waren Güter der Unterhaltungselektronik tatsächlich „Luxus". Insbesondere in der Honecker-Ära weichte die SED dabei ihre frühere harte ideologische Haltung auf und erlaubte den Einkauf mit Devisen in gesonderten Geschäften, in denen westliche Markenprodukte für Devisenbesitzer zugänglich waren. Neben den sogenannten Intershops wurden außerdem Läden eingerichtet, in denen mit DDR-Mark Mangelware bzw. vereinzelte westliche Waren eingekauft werden konnten.[201] Hierdurch entstand in der ansonsten sich so gerne egalitär gebenden DDR sukzessive eine Zweiklassengesellschaft, derer, die Zugang zu Devisen hatten und derer, die keine Chance hatten ausländische Währung zu erlangen.

Unverändert selten wurde der Umstand des dauernden Alkoholgenusses der Frau als Scheidungsgrund angeführt. Die Alkoholprobleme beim Mann und die damit verbundenen Potenzprobleme,[202] die zur Trennung führten, nahmen hingegen stetig zu. Die große gesellschaftliche Verantwortlichkeit der Arbeitskollektive und ihre potentielle präventive Einflußmöglichkeit auf den Fortbestand einer Ehe verdeutlichte sich darin, *„daß in Fällen der ehelichen Untreue bzw. des übermäßigen Alkoholgenusses in etwa zwei Fünftel der untersuchten Fälle der Ehegatte zu dem anderen Partner am Arbeitsplatz Beziehungen aufnimmt bzw. die Verleitung zum übermäßigen Alkoholgenuß zu etwa einem Fünftel an der Arbeitsstelle erfolgt. "*[203] Wenn nun die konkret meßbaren Gründe[204] verglichen werden, zeigen sich im Zeitverlauf zwischen den späten fünfziger und frühen siebziger Jahren einige bemerkenswerte Veränderungen.[205]

---

201 In den Delikat-Läden wurden westliche Lebensmittel, in den Exquisit-Filialen Bekleidung wie z.B. Jeans angeboten. Die geforderten Preise (z.B. eine Tafel westdeutscher Schokolade für 11-12 DDR-Mark, eine Flasche Orangensaft 25-28 DDR-Mark) entsprachen zumeist dem ansonsten offiziell verdammten West-Berliner Umtauschkurs für die DDR-Währung von 1:10, so daß diese Preise „marktgerecht" waren.

202 Siehe Neumann/Schreiber/Günther, S. 599 ff.

203 Ursachen und Tendenzen, S. 200.

204 Unter »übrige Gründe« fallen in der Tabelle »Unheilbare Krankheiten« und die in der Statistik nicht näher spezifizierten »sonstige Umstände«, die allerdings besonders stark angestiegen sind; Ehescheidungen in der, S. 39.

205 Siehe auch Nave-Herz et al., S. 59, Tab. 7 und S. 60, Tab. 8, die zu ähnlichen Befunden für die Bundesrepublik kommen.

Tabelle 6: Zerrüttungsgründe im Jahre 1978[206]

Zerrüttungsgrund		abs.	in %
Aufnahme von	des Mannnes	12.134	12,2
Beziehungen zu	der Frau	7.799	7,8
einem anderen Partner	beider Ehegatten	3.175	3,2
Übermässiger	des Mannes	9.752	9,8
Alkohol-	der Frau	403	0,4
genuß	beider Ehegatten	221	0,2
Strafbare Hand-	des Mannes	1.194	1,2
lung/Asoziales	der Frau	205	0,2
Verhalten	beider Ehegatten	107	0,1
Tätlich-	des Mannes	7.510	7,5
keiten	der Frau	207	0,2
Negativer Einfluß	den Mann	530	0,5
Dritter auf	die Frau	581	0,6
Mangelnde Übereinstimmung § 10[207]		2.283	2,3
Mangelnde Übereinstimmung bei der Erziehung der Kinder		2.648	2,7
Materielle (finanzielle) Schwierigkeiten		1.742	1,7
Sexuelle Gründe		11.347	11,4
Vorschnelle, leichtfertige Eheschließung		4.966	5,0
Unerfüllter Kinderwunsch		427	0,4
Berufs- und funktionsbedingte Probleme		2.509	2,5
Qualifizierungsbedingte Probleme		730	0,7
Unvereinbarkeit des Charakters und der Anschauung[208]		16.933	17,0
Sonstige Umstände		12.338	12,4
Insgesamt		99.741	100,0

---

206 Erstellt nach: Ergebnisse der Ehescheidungsstatistik 1978. Hg.: Ministerrat der Deutschen Demokratischen Republik, Staatliche Zentralverwaltung für Statistik, Abt. Bevölkerung-Arbeitskräfte-Bildung. Berlin (Ost) 1979 [Vertrauliche Dienstsachen].

207 Der § 10 des FGB definierte die Grundsätze der ehelichen Gemeinschaft wie Gleichberechtigung und Partnerschaft.

208 Hierunter fallen wohl vor allem unterschiedliche politische Einstellungen, die einer „sozialistischen Ehe" widersprachen.

Das Jahr 1978 ist das letzte, für das Angaben vorliegen, weil danach die entsprechenden Akten verschollen sind.[209] Die erfaßten Merkmale wurden, wie häufig in der DDR-Statistik, um keine Vergleichbarkeit zu ermöglichen, in den späten siebziger Jahren geändert bzw. erweitert und umbenannt.

Bei 43.296 Ehescheidungen im Jahre 1978 sind hier durchschnittlich 2,3 Zerrüttungsgründe erfaßt. Auffallend ist, daß nun auch die Frauen, wohl als direkte Folge der Emanzipation, die eheliche Treue nicht mehr so beachten, wie noch in den fünfziger Jahren. War im Jahre 1959 das Verhältnis der Untreue noch 76:24 zulasten des Mannes, ergab sich 1978 bereits nur mehr eine Relation von 58:42. Alkoholismus hingegen blieb, ebenso wie Tätlichkeiten, überwiegend ein rein männerspezifisches Problem. Immerhin in einem Viertel aller Scheidungen spielten sexuelle Gründe ein Rolle. Die von ZK-Mitgliedern als Gegenmaßnahme empfohlene *„Propagierung moralischer Werte"*[210] zeigte die allgemeine Ratlosigkeit der politischen Machthaber. Der Anstieg der sexuellen Disharmonien äußerte sich gleichfalls in einer steigenden Zahl von (unveröffentlicht gebliebenen) Leserbriefen an die Frauenzeitschrift »Für Dich«, so daß deren Redaktion sich hilfesuchend an das Justizministerium wandte.[211]

Etwa jede 25. Ehe wurde u.a. aus materiellen/finanziellen Gründen geschieden, während jede neunte Eheschließung sich als vorschnell herausstellte. Dieser Prozentsatz liegt in Wahrheit um ein mehrfaches höher, da auch der größte Teil derjenigen Scheidungen, die aus Unvereinbarkeit des Charakters und der Anschauung geschieden wurden, hierunter subsumiert werden könnte. Hinter dem Grund »Sonstige

209 Ab dem Jahre 1979 durften die erhobenen Daten zu den Zerrüttungsgründen nicht mehr in der Staatlichen Zentralverwaltung für Statistik aufbewahrt werden, sondern mußten an das Ministerium der Justiz weitergeleitet werden. Jedoch sind die entsprechenden Statistiken in dem z.Z. zugänglichen Teilbestand der Akten des DDR-Justizministeriums im Bundesarchiv Berlin-Lichterfelde weder nachweisbar noch auffindbar.

210 So der Vorschlag Inge Langes; Bundesarchiv Berlin-Lichterfelde, Best. DDR-Justizministerium, DP-1, Nr. 2049/4, Bl. 16-23; »Vermerk über eine Beratung beim Kandidaten des Politbüros und Sekretär des ZK, Genossin Inge Lange, am 18.1.1978«, S. 5.

211 Bundesarchiv Berlin-Lichterfelde, Best. DDR-Justizministerium, DP-1, Nr. 2049/4, Bl. 218; Brief des Abt.-Ltr. Familie der »Für Dich« an das Jusitzuministerium vom 26. Juli 1978.

Umstände« verbargen sich auch viele menschliche Tragödien, wie etwa im Fall der Gattin eines Staatsanwalts, der sich, nachdem sie bei einem (wohl eher aus Vergeßlichkeit erfolgten) Ladendiebstahl erwischt worden war, aus Karrieregründen sofort scheiden ließ. Trotz über zwanzigjähriger Ehedauer und zweier Kinder, war ihm seine berufliche Stellung als Kreisstaatsanwalt wichtiger als die Familie.[212]

Deutliche geschlechtsdifferenzierte Unterschiede sind beim Scheidungsgrund »eheliche Untreue« konstatierbar. Zusätzlich ist auch das sexuelle Anspruchsniveau an die Partnerschaft deutlich gestiegen. Dies gilt insbesondere für die Frauen, die aufgrund der „sexuellen Befreiung" der sechziger Jahre vermehrt eigene Wünsche und Erwartungen formulierten. Der hierbei zu beobachtende Wandel seit den fünfziger Jahren dürfte auch den gesellschaftlichen Wandel in der DDR dokumentieren, der eine stärkere gesellschaftliche und berufliche Emanzipation der Frau bedingte und in den fünfziger Jahren durch die staatliche Frauenförderung sowie in den sechziger Jahren der Ulbricht-Ära durch eine progressive Familienpolitik gekennzeichnet war, wobei seit Mitte der siebziger Jahre Frauenförderung mit Familienpolitik gleichgesetzt wurde.[213]

Tabelle 7: Trennungsgrund nach Schulbildung des Mannes im Jahre 1978[214]

	kein Abschluß	8. Klasse	10. Klasse	12. Klasse
Insgesamt	9,7	47,6	31,9	10,9
Untreue	8,5	47,0	32,8	12,3
Alkohol	16,8	59,7	20,2	3,3
Asozial. V.	20,8	58,9	17,9	2,5
Tätlichkeit	15,4	54,0	25,8	4,8

212 Bundesarchiv Berlin-Lichterfelde, Best. Generalstaatsanwalt der DDR, DP-3 II/K70, Bl. 1-5; Korrespondenz des Kreisstaatsanwalts R.M., Schönebeck, mit dem Bezirksstaatsanwalt in Magdeburg.

213 Grandke/Gysi/Orth/Rieger, S. 351; Huinink/Wagner, S. 148 ff.

214 Eigene Berechnungen nach: Ergebnisse der Ehescheidungsstatistik 1978. Hg.: Ministerrat der Deutschen Demokratischen Republik, Staatliche Zentralverwaltung für Statistik, Abt. Bevölkerung-Arbeitskräfte-Bildung. Berlin (Ost) 1979 [Vertrauliche Dienstsachen].

Aufschlußreich für die Geschlechterunterschiede sind die prozentualen Verteilungen der verschiedenen Trennungsgründe nach schulischer Qualifikation.[215] Geschlechtsneutral läßt sich konstatieren, je geringer die Schulbildung, desto häufiger gibt es Probleme mit Alkohol und eine Neigung zum asozialem Verhalten. Tätlichkeiten gegen den Ehepartner korrelierten stark mit dem Bildungsgrad des schlagenden Partners. Offensichtlich minimierte die weibliche Berufstätigkeit manche Zerrüttungsgründe, da sowohl Alkoholismus als auch »asoziales Verhalten« auf zu großer frei disponibler Zeit beruhten, welche der berufstätigen Frau in ihrer Doppelfunktion nicht (mehr) zur Verfügung stand und sie aus dieser Ermattung, seltener zu Tätlichkeiten neigte.

Tabelle 8: Trennungsgrund nach Schulbildung der Frau
im Jahre 1978[216]

Grund	kein Abschluß	8. Klasse	10. Klasse	12. Klasse
Insgesamt	6,7	45,9	39,0	8,4
Untreue	7,8	40,6	42,5	9,1
Alkohol	17,6	62,0	17,8	2,6
Asozial. V.	22,4	53,5	21,8	2,2
Tätlichkeit	11,6	51,7	31,9	4,8

Bestätigt wird diese Sichtweise durch Untersuchungen zur Mehrschichtarbeit in der DDR, die nachdrücklich belegen, daß diese insbesondere zur Erschöpfung und damit zur besseren Kontrolle sowie zur umfassenden Disziplinierung der Werktätigen im DDR-Sozialismus angewandt wurde.[217] Im Mehrschichtsystem arbeitende Menschen zeigten u.a. ein deutlich geringeres und überwiegend passiv-rezeptives

---

215 Wegen der unterschiedlichen Zahl der Nennungen bei den Zerrüttungsgründen werden die Angaben nur in Prozent widergegeben.

216 Eigene Berechnungen nach: Ergebnisse der Ehescheidungsstatistik 1978. Hg.: Ministerrat der Deutschen Demokratischen Republik, Staatliche Zentralverwaltung für Statistik, Abt. Bevölkerung-Arbeitskräfte-Bildung. Berlin (Ost) 1979 [Vertrauliche Dienstsachen].

217 Siehe Voigt, Schichtarbeit, S. 77 ff.; 192 ff.

Freizeitverhalten, da ihnen für aktive Betätigung zumeist die körperliche Energie und das vitale Interesse fehlte.[218]

Tabelle 9: Zerrüttungsgründe im Verhältnis zur
Berufstätigkeit der Frau[219]

Grund	nicht berufstätig	voll berufstätig
Insgesamt	2,4	74,0
Untreue	2,4	74,4
Alkohol	3,8	61,2
Asozial. V.	5,4	38,7
Tätlichkeit	4,8	63,7

In der DDR durften in der soziologischen und sozialstrukturellen Forschung[220] Phänomene, welche der Parteiideologie diametral entgegenstanden, jedoch nur tabuisiert oder als dem Sozialismus *„wesensfremd"* negiert werden. Da die entsprechenden Kennziffern unveröffentlicht blieben und deshalb wissenschaftlich nicht behandelt wurden[221] oder mißliebige Untersuchungsergebnisse strikter Geheimhaltung unterlagen,[222] konnte eine weitergehende analytisch-prophylaktische Behandlung der Ehescheidungen als gesellschaftliches Phänomen und systembedingtes Problem im sozialistischen Staat nicht erfolgen. Die in dieser Studie zitierten Dissertationen und wissenschaftlichen Aufsätze aus der DDR behandelten allenfalls Teilbereiche oder rudimentäre Fragen, ohne jedoch Problemlösungen anzubieten. Wie der gesamte sozialistische Staat und die auf totalem Verschleißkurs befindliche Staatswirtschaft war auch die Forschung in der Honecker-Ära, insbesondere im gesellschaftswissenschaftlichen Bereich, erstarrt und betrachtete das Geschehen als unabänderlich.

---

218 Mertens, Arbeitshaltung, S. 104 f.; Mertens, Nachtarbeit, S. 97 f.

219 Eigene Berechnungen nach: Ergebnisse der Ehescheidungsstatistik 1978. Hg.: Ministerrat der Deutschen Demokratischen Republik, Staatliche Zentralverwaltung für Statistik, Abt. Bevölkerung-Arbeitskräfte-Bildung. Berlin (Ost) 1979 [Vertrauliche Dienstsachen].

220 Siehe Laatz, S. 161.

221 Daß zu verschiedenen Komplexen interne Geheimuntersuchungen existierten, konnte bei der sozialpolitischen Relevanz der diversen Fragestellungen nicht erstaunen.

222 Bleek/Mertens, S. 85 ff.

9. Von der Scheidung betroffene Kinder

Von den rund 50.000 Ehescheidungen pro Jahr waren nicht nur 100.000 Erwachsene direkt betroffen, sondern auch mehrere zehntausend Kinder, welche durch die Trennung ihrer Eltern aus der vertrauten Familiensituation herausgerissen wurden. Im Zeitverlauf der Jahrzehnte zeigte sich überdies, daß die Funktion der Kinder als „Kitt" einer Ehe in der DDR deutlich abnahm. Wurden Ende der fünfziger Jahre in 58 % aller Ehescheidungen gemeinsame Kinder von der Trennung der Eltern betroffen, lag dieser Anteil Anfang der siebziger Jahre bereits bei über 70 % aller gescheiterten Ehen. Hier läßt sich erkennen, daß in der DDR die gemeinsamen Kinder immer seltener ein Bindeglied in zerrütteten Ehen darstellten.[223] Die Rolle als Stabilisatoren wurde auch bei mehreren leiblichen Kindern immer geringer. Von gut der Hälfte auf zwei Drittel aller Scheidungen stieg die Zahl der Eheauflösungen an, in denen minderjährige gemeinsame Kinder von der Trennung betroffen waren. So verdreifachte sich die Zahl der Ehescheidungen mit drei, vier oder mehr Kindern. Daß diese Ziffer in den achtziger Jahren wieder leicht absank, lag weniger an einer Umkehrung dieses fortschreitenden Trends, als vielmehr an der Tatsache, daß immer weniger Familien mehr als zwei Kinder hatten und ergo die Gesamtzahl der Scheidungsfälle mit mehreren Kindern deutlich zurückging. Relativ stark angewachsen war außerdem die absolute Zahl der von der elterlichen Trennung betroffenen Kinder. Zum einen, weil die absolute Zahl der Ehescheidungen kontinuierlich stieg, und andererseits weil der prozentuale Anteil der Eheauflösungen mit drei und mehr Kindern stark anwuchs. Wie gering jedoch die Bedeutung von Kindern für den Fortbestand einer Ehe war, zeigte sich in den achtziger Jahren auch daran, daß fast die Hälfte aller von der Eheauflösung betroffenen gemeinsamen Nachkommen Kleinkinder von unter sechs Jahren war (1985: 49,4 %). Umgekehrt hieß dies aber auch, daß auf die Kinder und ihr seelisches Wohlbefinden immer weniger Rücksicht genommen wurde, weil die Eltern ihre eigenen Interessen in den Vordergrund stellten.

---

223 Schubert, S. 128 f.

Graphik 10: Ehescheidungen mit minderjährigen gemeinsamen
Kindern (absolut) 1958-1989[224]

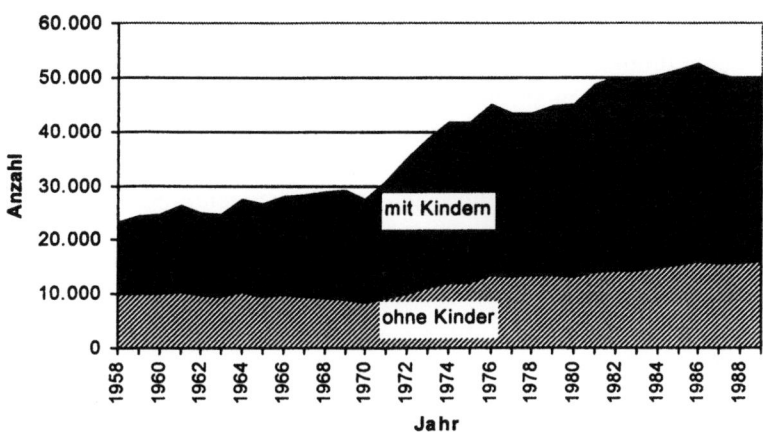

Bereits in der DDR-Rechtsprechung der frühen fünfziger Jahre
wurden die elterlichen Rechte bei der Kindeserziehung eingegrenzt.
Stattdessen wurde „*die Rolle der neuen Formen der gesellschaftlichen Erziehung - 'Junge Pioniere' und 'Freie Deutsche Jugend' -*"
deutlich hervorgehoben.[225] Diese beiden SED-Jugendorganisatio-
nen[226] sollten das Elternhaus bei der Erziehung, ob nun von diesem
gewünscht oder nicht, „*unterstützen und ergänzen*".[227] Dies war, angesichts der gesellschaftlichen Realität, nur parteikonformes Wunsch-
denken.

Deutlich veränderte sich außerdem die Altersstruktur der Kinder
aus geschiedenen Ehen; der Anteil der unter Sechsjährigen ging prozentual leicht zurück. Extrem zeigte sich der Wandel bei den geschiedenen Ehen mit drei und mehr Kindern, hier schrumpfte der Anteil

---

224 Erstellt nach: Ehescheidungen in der Deutschen Demokratischen Republik 1958 bis 1972;
     Ergebnisse der Ehescheidungsstatistik 1973-1989.
225 Heinrich/Klar, S. 541.
226 Siehe dazu Ehrhardt, S. 121 ff.; Freiburg/Mahrad, S. 148 ff.
227 Heinrich/Klar, S. 541.

der Kleinkinder um zwei Drittel, obgleich die absolute und prozentuale Zahl der Scheidungen von Familien, in denen drei und mehr Kinder betroffen waren, deutlich zunahm.[228] Weil es jedoch ein gesondertes Thema wäre, soll hier nicht weiter auf diese Hauptbetroffenen von Ehescheidungen eingegangen werden. Die gemeinsamen Kinder sind in der Regel die wahren Scheidungsopfer.[229] Hin und her gerissen zwischen Mutter und Vater, werden ihre Entwicklungschancen für das ganze weitere Leben verschlechtert. Neuere amerikanische Untersuchungen belegen einen durchschnittlich schlechteren Schulabschluß, häufigere Depressionen und später eine deutlich höhere eigene Scheidungsrate.

Tabelle 10: Ehescheidungen nach Zahl der minderjährigen gemeinsamen Kinder

Jahr	ohne Kinder absolut	mit Kindern absolut	davon Ehescheidungen mit			
			einem Kind	zwei Kinder	drei Kinder	vier und mehr K.
1958	9.937	13.230	8.178	3.725	986	341
1959	10.148	14.125	8.705	3.856	1.122	442
1960	10.092	14.448	9.005	3.829	1.126	488
1961	10.389	15.725	9.483	4.354	1.276	612
1962	9.798	15.102	8.939	4.261	1.329	573
1963	9.450	15.199	9.172	4.049	1.343	635
1964	10.204	17.282	10.217	4.712	1.575	778
1965	9.589	16.987	9.917	4.702	1.564	804
1966	9.680	18.269	10.352	5.192	1.772	953
1967	9.410	18.893	10.658	5.393	1.789	1.053
1968	9.281	19.440	10.770	5.669	1.944	1.057
1969	9.052	19.848	10.832	5.846	1.962	1.208
1970	8.434	18.973	10.353	5.490	1.950	1.180

228 Ehescheidungen in der, S. 25.
229 Siehe Schneider, S. 195 f.

noch Tabelle 10

Jahr	ohne Kinder absolut	mit Kindern absolut	davon Ehenscheidungen mit			
			einem Kind	zwei Kinder	drei Kinder	vier und mehr K.
1971	9.140	21.691	11.859	6.290	2.280	1.262
1972	10.184	24.582	13.629	7.143	2.473	1.337
1973	11.193	27.351	15.620	7.737	2.627	1.367
1974	11.882	29.733	17.139	8.492	2.651	1.451
1975	12.072	29.560	17.526	8.350	2.475	1.209
1976	13.510	31.293	18.935	8.631	2.552	1.175
1977	13.031	30.106	18.385	8.468	2.226	1.027
1978	13.313	29.983	18.758	8.373	1.988	864
1979	13.280	31.455	19.878	9.049	1.838	690
1980	13.247	31.547	20.156	9.097	1.723	571
1981	13.942	34.625	21.879	10.575	1.682	489
1982	14.244	35.621	22.681	10.982	1.535	423
1983	14.297	35.327	22.295	11.173	1.480	379
1984	14.904	35.416	22.562	11.379	1.137	338
1985	15.259	35.981	22.671	11.635	1.341	334
1986	15.973	36.466	22.560	12.141	1.416	349
1987	15.674	34.966	21.454	11.733	1.426	353
1988	15.724	33.656	20.554	11.378	1.402	322
1989	15.997	34.066	20.388	11.753	1.532	393

Graphik 11: Ehescheidungen nach Zahl der minderjährigen gemeinsamen Kinder (absolut) 1958-1989[230]

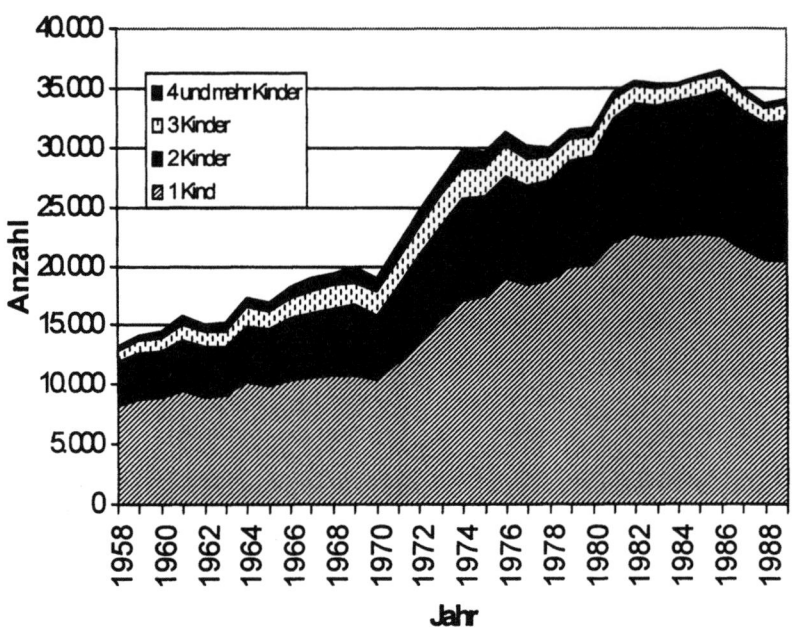

230 Erstellt nach: Ehescheidungen in der Deutschen Demokratischen Republik 1958 bis 1972; Ergebnisse der Ehescheidungsstatistik 1973-1989.

10. Tradiertes Rollenverhalten

Wie wenig jedoch sich auch die Frauen in der DDR vom tradierten Rollenverständnis gelöst hatten,[231] belegen empirische Untersuchungen des Instituts für Ökonomie und Planung des Volksbildungswesens an der Akademie der Pädagogischen Wissenschaften der DDR über das Schulverhalten und die Schulleistungen von Schichtarbeiterkindern,[232] in denen eine deutlich geringere Leistungsfähigkeit konstatiert wurde.[233] Dies verwundert nicht bei ideologisch motivierten „Ratschlägen" wie den folgenden, die lediglich die Einbeziehung der Frauen in den Arbeitsprozeß zum Ziel hatten: *„Die Kinderbetreuung kann aber auch von Verwandten und Bekannten oder auch im Rahmen der Nachbarschaftshilfe einschließlich eventuell möglicher Patenschaften innerhalb des Arbeitskollektivs übernommen werden"*.[234] Signifikante Unterschiede, die sich auf die schulischen Leistungen und die kindliche Entwicklung auswirkten, bestanden in der Freizeitgestaltung von Heranwachsenden, deren Eltern im Mehrschichtbetrieb tätig waren, gegenüber ihren Altersgenossen. Die geschlechtsspezifisch unterteilten Untersuchungsergebnisse dokumentierten außerdem die stärkere zeitliche Belastung von Mädchen durch Tätigkeiten im elterlichen Haushalt.[235] Die Differenzen in der temporären Intensität der Mithilfe im Haushalt (Einkaufen, Arbeiten in der Küche, Säubern der Wohnung) zeigten überdies, daß in der DDR *„die überkommene Rollenverteilung bei Arbeiten im Haushalt zwischen den Geschlechtern noch nicht überwunden"* war.[236] In der ersten Probandengruppe arbeiteten beide Elternteile nur in der Tagesschicht, während in der zweiten Untersuchungseinheit die Eltern im Mehrschichtsystem tätig waren, wobei zusätzlich noch nach dem jeweiligen Schichtrhythmus der Mutter unterschieden wurde.

---

231 Siehe auch Gysi/Meyer, S. 140 ff.; Helwig, Rechte, S. 200; Pfister, S. 225 ff.
232 Siehe ausführlich Mertens, Nachtarbeit, S. 97 f.
233 Helwig, Jugend, S. 27 ff.
234 Tietze/Hoffmann, S. 301. Siehe dazu auch Voigt, Schichtarbeit, S. 188 ff.
235 Helwig, Jugend, S. 47 f.
236 Schönbach/Scholz, S. 94.

Tabelle 11: Mithilfe der Kinder im Haushalt (prozentual von Freizeit)[237]

Eltern arbeiten	Jungen	Mädchen
ständig in Tagesschicht	15,2	17,5
mehrschichtig, wenn		
- Mutter in Tagschicht	9,8	25,8
- Mutter in Nachtschicht	6,4	16,2

Im Tagesschichtrhythmus arbeitende Eltern hielten ihre Kinder stärker zur Mithilfe im Haushalt an. Deutlich ist außerdem die geringere Heranziehung der Kinder durch die mehrschichtig arbeitenden Mütter in der Nachtschichtphase konstatierbar, die wohl auch auf einem selbsteingeredeten „schlechten Gewissen" gegenüber ihren familialen „Pflichten" beruhte: *„Nicht selten entscheiden sich Frauen für eine Schichtarbeit, um ihre häuslichen und erzieherischen Aufgaben zeitlich besser aufeinander abstimmen zu können, allerdings reduzieren sie dafür die Zeit für Erholung und Schlaf."*[238] Verifiziert wird diese Aussage durch den unterschiedlichen Zeitaufwand der Kinder für die Erledigung der schulischen Hausaufgaben.

Tabelle 12: Anfertigung der Hausaufgaben (Aufwand in Minuten)[239]

Eltern arbeiten	Jungen	Mädchen
ständig in Tages-schicht	48	54
mehrschichtig, wenn Mutter		
- in Tagschicht	21	29
- in Nachtschicht	33	55

Neben der generellen Feststellung, daß Mädchen gründlicher und daher länger ihre Hausaufgaben anfertigen, fällt die Diskrepanz zwischen dem mütterlichen Mehrschichtrhythmus und dem zeitlichen

---

237 Erstellt nach Schönbach/Scholz, S. 94, Tab. 1.

238 Hinze, S. 61 f. Siehe auch Voigt, Schichtarbeit, S. 186 f.

239 Erstellt nach Schönbach/Scholz, S. 95, Tab. 2.

Aufwand bei der Erledigung der schriftlichen Hausaufgaben durch die Kinder auf. Begründet war dies dadurch, daß die Mütter in der Nachtschichtwoche erst am frühen Abend das Haus verließen und vorher die Hausaufgaben betreuen konnten; diese Zuwendung zeigte sich in der längeren, d.h. sorgfältigeren Anfertigung als ohne mütterliche Aufsicht.[240] Durch die 12-Stundenwechselschicht kamen die mehrschichtig arbeitenden Frauen überdies in ihrer Tagesschichtwoche später nach Hause als die Mütter in der ständigen Tagschicht. Zugleich entstand jedoch aus den hier aufgezeigten Betreuungsmechanismen eine permanente Überlastung der arbeitenden Frauen,[241] da sich die Väter der Kinder weitgehend diesen Bürden entzogen.[242] Überdies kam es nicht zu der ideologisch propagierten *„Herausbildung neuer zwischenmenschlicher Beziehungen",*[243] da die weitgehende Überlassung der Hausarbeit durch die Männer, für die Frauen *„zu den schwer zu überwindenen Traditionen"*[244] gehörte, die auch in der DDR fortbestanden, wie die nachfolgende Tabelle 13 deutlich belegt. Verständlich daher auch, daß jüngere Frauen ihre Ehen kritischer betrachteten und mit dem Verhalten der Ehegatten in höherem Maße unzufrieden waren.[245]

Tabelle 13: Zeitlicher Aufwand für Hausarbeit (in %)[246]

	bis zu 1 Stunde	zwischen 1-3 Stunden	mehr als 3 Stunden
Ehefrau	7	62	30
Ehemann	53	42	5
andere Familienmitglieder	89	9	2

240 Schönbach/Scholz, S. 95. Siehe auch Fischer/Henschel, S. 77 f.; Hille, S. 117.
241 Hille, S. 146; Kuhrig, Entwicklung. S. 151.
242 Familienleben, S. 157 f.; Gysi/Meyer, S. 159.
243 Kuhrig, Familie, S. 268. Siehe auch Gacek, S. 82.
244 Kuhrig, Liebe, S. 807. Siehe auch Grandke, Gleichberechtigung, S. 501. Für ähnliche Befunde in der Bundesrepublik siehe Nave-Herz et al., S. 80, Tab. 14.
245 Kabat vel Job, S. 4 ff. Siehe auch Hille, S. 148.
246 Erstellt nach Familienleben, S. 158, Tab. 22. Siehe auch Sozialreport, S. 269, Tab. 10.8.

So unterschiedlich wie die zeitliche Partizipation beider Partner waren auch die ausgeübten Tätigkeiten, die weitgehend traditionelle Rollenmuster widerspiegelten. Auch wenn die entsprechenden Angaben zwischen Männern und Frauen etwas schwankten[247] und beide Geschlechter vielleicht auch ihren eigenen Beitrag jeweils überbetonten, ist doch zumindest die grundlegende Tendenz der überwiegenden weiblichen Belastung mit Haushaltsaufgaben unverkennbar.

Tabelle 14: Tätigkeiten, die überwiegend die Frau ausübt (in %)[248]

Tätigkeit	Nach Angaben der Frauen	Nach Angaben der Männer
Saubermachen	59	50
Wäsche waschen	79	67
Zubereitung der Mahlzeiten	53	43
kleinere Arbeiten im Haushalt	42	36
Geschirr spülen	36	22
tägliche Einkäufe	34	24

Auch nach vier Jahrzehnten sozialistischer Familienpolitik und beharrlich propagierter Gleichberechtigung war in der DDR in den späten achtziger Jahren das Ungleichgewicht bei der Kinderbetreuung noch immer erheblich und von einer stärkeren Belastung der Frauen gekennzeichnet, die zum Teil das zwei- bis dreifache Hausarbeitspensum des Ehegatten zu verrichten hatten. Lediglich in zwei Punkten, den häuslichen Reparaturarbeiten und der Gartenarbeit, engagierten sich die Männer deutlich stärker als ihre Ehefrauen.[249]

---

247 Siehe auch Grandke, Entwicklung, S. 245, wo entsprechende Daten für das Jahr 1972 präsentiert werden, die zugleich aufzeigen, daß sich seit damals kaum etwas verändert hat.

248 Erstellt nach Frauenreport'90, S. 128, Tab. 4.19. Siehe Sozialreport, S. 269, Tab. 10.7.

249 Der tägliche Zeitaufwand schwankte bei Reparaturen zwischen 42 min. (Männer) und 4 min. (Frauen), sowie bei Gartenarbeit 60 min. (Männer) und 27 min. (Frauen); Sozialreport, S. 269, Tab. 10.7. Siehe auch Kabat vel Job, S. 6 f.

Fast schon tragikomische Züge hatte es, wenn hochrangige ZK-Mitglieder und Minister in vertraulichen Besprechungen, als zu lösendes Problem des Sozialismus die Frage besprachen: *„warum die Frauen soviel Zeit in die Hauswirtschaft stecken."*[250]

Tabelle 15: Geschlechtsspezifische Verteilung der Tätigkeiten
bei der Betreung und Erziehung der Kinder (1988)[251]

Tätigkeiten	überwiegend Frauen	gemeinsam/ abwechselnd
Kinder in die Kindereinrichtung bringen/abholen	31,8	54,0
Kinder baden, füttern	49,2	47,8
Kinder bei Krankheit pflegen	78,3	17,4
mit den Kindern beschäftigen/spielen	6,9	93,1
mit den Kindern lernen	29,3	67,2
Besuch von Elternabenden	39,6	49,4

Die geringe Bereitschaft vieler Männer im Haushalt mitzuhelfen, begünstigte die Scheidungsbereitschaft, insbesondere jüngerer Frauen nachdrücklich, wie eine geheime Untersuchung im Jahre 1974 ermittelte. Danach stellten sich bei den Frauen, deren Ehegatten regelmäßig im Haushalt mithalfen, fünfmal seltener Scheidungsgedanken ein, als bei den Ehefrauen, denen selten oder nie geholfen wurde. Bereits das männliche Bemühen um die Haushaltsführung wurde von weiblicher Seite überproportional positiv gewürdigt.[252]

Geschlechtsspezifisch geprägt waren auch die Wertvorstellungen bezüglich des Arbeitsalltages: *„Die Wertorientierungen von Männern sind stärker auf die Ausschöpfung ihres Leistungsvermögens, auf*

---

250 Bundesarchiv Berlin-Lichterfelde, Best. DDR-Justizministerium, DP-1, Nr. 2049/4, Bl. 16-23; »Vermerk über eine Beratung beim Kandidaten des Politbüros und Sekretär des ZK, Genossin Inge Lange, am 18.1.1978«, S. 4 an der neben fünf ZK-Mitgliedern auch Justizminister Heusinger teilnahm.

251 Erstellt nach Frauenreport'90, S. 129, Tab. 4.20. Siehe auch Bertram, S. 102 f., Tab. 34 f.

252 Kabat vel Job, S. 8.

Selbstbestätigung in der Arbeit und auf gesellschaftliche Anerkennung gerichtet, wohingegen Frauen in stärkerem Maße sozial orientiert sind. Frauen wollen gute Kollektivbeziehungen, angenehme Arbeitsbedingungen, eine kulturvolle Arbeitsumwelt."[253]

Tabelle 16: Männliche Haushaltsmithilfe und weibliche
Scheidungsgedanken in %[254]

Hilfe des Ehe-mannes erfolgt:	Scheidungsgedanken bei der Ehefrau	
	nein	ja, ernsthaft
regelmäßig	81	4
oft	68	7
selten/nie	48	20

Graphik 12: Ehescheidungen nach der Ehedauer und nach
dem Kläger im Jahre 1969 in %[255]

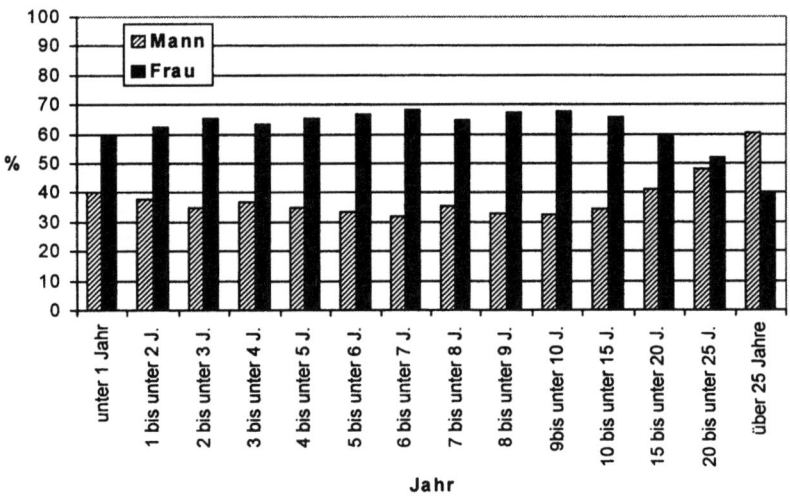

---

253 Ullmann, S. 29.

254 Kabat vel Job, S. 8 (die Angaben ergeben nicht 100 % und es fehlt, wie häufig in DDR-Untersuchungen, eine Angabe zur Grundgesamtheit, doch die Tendenz ist aufschlußreich).

255 Erstellt nach: Ehescheidungen in der Deutschen Demokratischen Republik 1958 bis 1972.

Graphik 13: Gegen Scheidung gerichteter Antrag nach der Ehedauer und nach dem Kläger im Jahre 1969 in %[256]

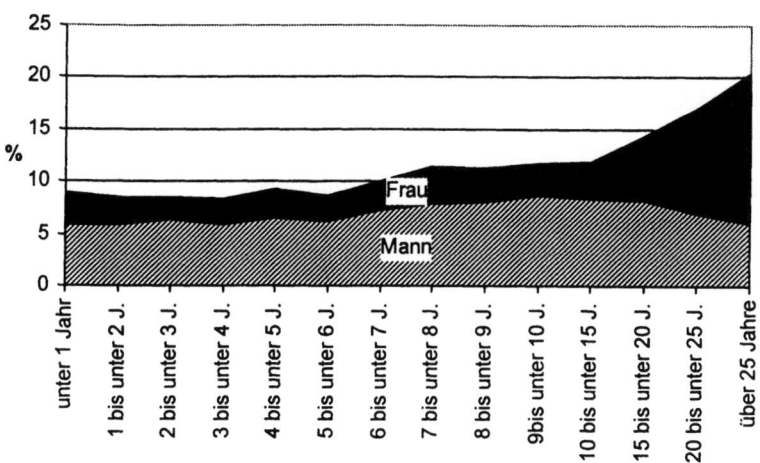

Bemerkenswerte Entwicklungen zeigt die Differenzierung der geschiedenen Personen nach dem beiderseitigen Einkommen auf. Zwar hatte sich, durch den gestiegenen Grad der weiblichen Berufstätigkeit, die Zahl geschiedener Frau ohne eigenes Einkommen halbiert. Jedoch war andererseits der Anteil der Eheauflösungen, in denen Frauen mit einem niedrigeren Einkommen als das des geschiedenen Partners betroffen waren, von 45 % auf 65 % aller Scheidungsfälle gestiegen.[257] Bei einer Zusammenfassung der Frauen ohne bzw. mit niedrigerem Erwerbseinkommen zeigt sich, daß ihr prozentualer Anteil an den weiblichen Geschiedenen sogar um fünf Prozent auf nun 75 % gestiegen war. Außerdem war die Proportion weiblicher Erwerbstätiger mit einem höheren Arbeitseinkommen als der geschiedene männliche Partner um ein Viertel gesunken. Diese vordergründig merkwürdig anmutende Ambivalenz war das Ergebnis der staatlichen Lohnpolitik. Ungeachtet der fortschreitenden Emanzipation lag das durchschnitt-

---

256 Erstellt nach: Ehescheidungen in der Deutschen Demokratischen Republik 1958 bis 1972.
257 Ehescheidungen in der, S. 33.

liche Monatseinkommen der Frauen im Jahre 1972 mit 498 Mark deutlich unter dem Mittel des Lohnes der Männer von 782 Mark; dies bedeutet, daß 1972 der weibliche Durchschnittsverdienst noch immer unter dem männlichen Niveau von 1960 lag.[258] Die auch im Sozialismus weiter fortbestehenden großen Einkommensunterschiede wurden so erklärt:

„1. Die Männer arbeiten vorrangig in den lohnintensiven Industriezweigen, die Frauen in der Leichtindustrie, im Verkehr, im Handel und als Angestellte im Verwaltungsbereich.

2. Bei den Frauen wirkt sich die häufig anzutreffende Teilzeitbeschäftigung in den Einkommensverhältnissen aus.

3. Als ungelernte oder angelernte Arbeitskräfte beziehen die Frauen niedrigere Löhne als Fachkräfte.

4. Der Anteil der Frauen an leitenden, hochbezahlten Funktionen ist gering. ".[259]

Entsprechend dem schon erwähnten gestiegenen und international auch sehr hohen Erwerbstätigkeitsgrad von Frauen in der DDR, halbierte sich die Ziffer der männlichen Unterhaltsverpflichtungen[260] von einem Fünftel aller Scheidungen im Jahre 1958 auf ein Zehntel der Eheauflösungen im Jahre 1972. Der Anteil der mehrjährigen Zahlungsverpflichtungen sank dabei von 37 % auf ein Zehntel aller Scheidungsfälle.[261] In der nachfolgenden Tabelle 17 ist das beiderseitige Bruttoeinkommen der Ehepartner zum Zeitpunkt der Eheauflösung von 1959-1978 gegenübergestellt.[262] War bis Ende der fünfziger Jahre noch über ein Viertel der Frauen zum Zeitpunkt der Scheidung ohne eigenes Einkommen, so sank dieser Anteil auf fünf Prozent aller Scheidungen bis Ende der siebziger Jahre ab.

---

258 Ehescheidungen in der, S. 29. Siehe auch Nickel, S. 243 f.

259 Helms, S. 92.

260 Schubert, S. 131.

261 Ehescheidungen in der, S. 15.

262 Für die Jahre 1979-1989 fehlen die entsprechenden Angaben in den Aufstellungen der Staatlichen Zentralverwaltung für Statistik.

Tabelle 17: Geschiedene nach dem beiderseitigen monatlichen
Bruttoeinkommen in % 1959-1978[263]

Jahr	Das Bruttoeinkommen der geschiedenen Frau ist gegenüber dem Bruttoeinkommen			davon Frau ohne Einkom.	Mann und Frau ohne Einkomm. bzw. unbekannt
	des geschiedenen Mannes				
	höher	gleich	niedriger		
1959	11.7	15.6	70,9	26.3	1.8
1960	12,5	16,4	69,6	23,9	1,5
1961	11,7	16,4	70,9	22,2	1,0
1962	11,4	16,4	71,5	21,0	0,7
1963	10,5	16,9	72,2	19,9	0,4
1964	10,6	17,1	72,0	18,8	0,3
1965	10,4	16,7	72,6	17,2	0,3
1966	9,6	15,9	74,1	16,8	0,5
1967	9,4	15,4	74,8	16,3	0,4
1968	9,1	15,5	75,2	15,2	0,3
1969	8,4	15,1	76,2	14,0	0,3
1970	8,4	14,9	76,4	13,0	0,3
1971	8,6	15,8	75,2	11,2	0,3
1972	8,2	16,0	75,5	10,5	0,2
1973	8,1	16,4	75,3	9,6	0,2
1974	8,3	16,3	75,2	8,2	0,2
1975	8,0	16,7	75,1	7,3	0,2
1976	8,1	17,5	74,2	6,9	0,1
1977	7,9	18,6	73,4	5,7	0,1
1978	7,6	19,0	73,2	5,5	0,1

263 Erstellt nach: Ehescheidungen in der Deutschen Demokratischen Republik 1958 bis 1972;
Ergebnisse der Ehescheidungsstatistik 1973-1978.

Zwar stieg in diesem Zeitraum die Zahl der Frauen, die ein gleich hohes berufliches Bruttoeinkommen wie der Ehemann erzielten, von jeder achten auf jede fünfte Frau, jedoch vergrößerte sich aber auch geringfügig der Anteil der geringerverdienenden berufstätigen Frauen. Außerdem sank der Anteil der Eheauflösungen, in denen Frauen ein höheres Gehalt als ihr geschiedener Ehemann erzielten, von jeder achten auf jede zwölfte Scheidung ab. Hier werden die seit Mitte der sechziger Jahre sich verändernden Lohnstrukturen in den Industriebereichen der DDR deutlich, wobei Frauen weiterhin wesentlich häufiger in den geringer entlohnten Industriezweigen sowie überproportional in den Niedriglohngruppen beschäftigt waren.[264] Bereits im Herbst 1953 war die primär volkswirtschaftliche Zielrichtung der ideologisch so beharrlich propagierten Gleichberechtigung der Frau in der sozialistischen Gesellschaft deutlich geworden.[265] In ihrem kommentierten Bericht zur „Rechtsprechung des Obersten Gerichts auf dem Gebiete des Familienrechts" betonten zwei Mitglieder dieser höchsten Instanz im Hinblick auf ein Unterhaltspflichtsurteil, die Entscheidung stelle den Grundsatz auf, daß in der DDR „*auch jede Frau die Arbeitskraft dem Aufbau, der Erfüllung des Wirtschaftsplanes zur Verfügung zu stellen hat. Jeder Mensch muß deshalb auch einen Beruf ausüben und sich gegebenenfalls eine Berufsausbildung erwerben. Die Gleichberechtigung im Wirtschaftsleben gibt auch der Frau die Möglichkeit dazu.*"[266] Das in Art. 24 der DDR-Verfassung verankerte „Recht auf Arbeit" wurde hier in eine Pflicht zur Arbeit uminterpretiert.

Für den Mann bedeutete eine Ehescheidung im Sozialismus keine hohen finanziellen Belastungen, da aufgrund des hohen Grades weiblicher Erwerbstätigkeit entweder gar keine oder nur zeitlich auf zwei Jahre befristete Unterhaltszahlungen an die Partnerin erfolgen mußten (siehe Graphik 14). Wie Höhn/Dorbritz konstatieren, hat diese fehlende ökonomische Barriere die Scheidungsraten in einem hohen Maße begünstigt und zugleich zu einer Dynamisierung der Heirats-Schei-

---

264 Siehe auch Sørensen/Trappe, S. 216 ff.

265 Siehe auch Grandke, Gleichberechtigung, S. 499 ff.

266 Heinrich/Klar, S. 537.

dungs-Wiederverheiratungsspirale beigetragen.[267] Die familienstands-
spezifischen Übergänge wurden daher infolge der fehlenden institutionellen Hürden wesentlich häufiger als beispielsweise in der alten
Bundesrepublik Deutschland verändert bzw. reproduziert.

Graphik 14: Ehescheidungen nach der Unterhaltsverpflichtung des
Mannes 1958-1978[268]

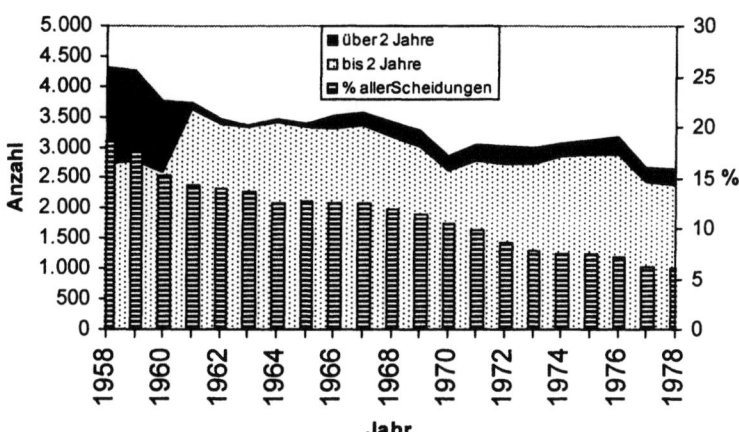

Ab dem Jahre 1979 fehlen zwar in den Jahresübersichten jegliche
Angaben zum Unterhalt. Daß damit diese pekuniäre Folgelast jedoch
nicht etwa vollständig erledigt war, sondern die strittige Regelung der
finanziellen Fragen auch im Sozialismus weiterhin strittig war, zeigt
die stark wachsende Anzahl von Klagen wegen nicht erfüllter Unterhaltsverpflichtungen.

---

267 Höhn/Dorbritz, S. 156; Peuckert, S. 275.
268 Erstellt nach: Ehescheidungen in der Deutschen Demokratischen Republik 1958 bis 1972;
     Ergebnisse der Ehescheidungsstatistik 1973-1989. In den Jahren 1973-78 wurde in den
     Übersichten statt „bis 2 Jahre" die Bezeichnung „befristet" und statt „über 2 Jahre"
     wurde die Bezeichnung „unbefristet" verwendet.

Tabelle 18: Ehescheidungen nach der Unterhaltsverpflichtung des
Mannes 1958-1978[269]

Jahr	Ehescheidungen in denen der Mann zur Unterhaltszahlung					
	verpflichtet wurde		davon verpflichtet			
	absolut	in % aller Scheidung.	bis 2 Jahre		über 2 Jahre	
			absolut	in %	absolut	in %
1958	4.315	18,6	2.713	62,9	1.602	37,1
1959	4.259	17,6	2.782	65,3	1.477	34,7
1960	3.748	15,3	2.597	69,3	1.151	30,7
1961	3.736	14,3	3.633	97,2	103	2,8
1962	3.463	13,9	3.397	98,1	66	1,9
1963	3.365	13,7	3.323	98,8	42	1,2
1964	3.472	12,6	3.422	98,6	50	1,4
1965	3.385	12,7	3.332	98,4	53	1,6
1966	3.513	12,6	3.320	94,5	193	5,5
1967	3.580	12,6	3.353	93,7	227	6,3
1968	3.410	11,9	3.167	92,9	243	7,1
1969	3.283	11,4	3.015	91,8	268	8,2
1970	2.854	10,4	2.611	91,5	243	8,5
1971	3.030	9,8	2.768	91,4	262	8,6
1972	3.006	8,6	2.716	90,4	290	9,6
1973	2.983	7,7	2.712	90,9	271	9,1
1974	3.060	7,4	2.846	93,0	214	7,0
1975	3.121	7,5	2.878	92,2	243	7,8
1976	3.166	7,1	2.894	91,4	272	8,6
1977	2.682	6,2	2.441	91,0	241	9,0
1978	2.637	6,1	2.392	90,7	245	9,3

Gemäß einer internen Studie der DDR-Generalstaatsanwaltschaft
aus dem Jahre 1972 war die Dunkelziffer bei der Verletzung der
Unterhaltspflicht etwa doppelt so hoch.[270]

---

269 In den Jahren 1973-78 wurde statt „bis 2 Jahre" die Bezeichnung „befristet" und statt
„über 2 Jahre" wurde die Bezeichnung „unbefristet" verwendet.

270 Bundesarchiv Berlin-Lichterfelde, Best. Generalstaatsanwalt der DDR, DP-3 IV/55, Bd. 6;
»Studie über den Stand der Bekämpfung von Unterhaltsverpflichtungen gem. § 141
StGB« vom 7. Dez. 1972. Bemerkenswert war, daß über ein Drittel der verurteilten Täter
bereits einschlägig vorbestraft und die Hälfte davon wegen „asozialer Lebensweise" gem.
§ 249 StGB verurteilt war (ebd., S. 7)

Graphik 15: Klagen wegen Verletzung der Unterhaltspflicht 1965-1989[271]

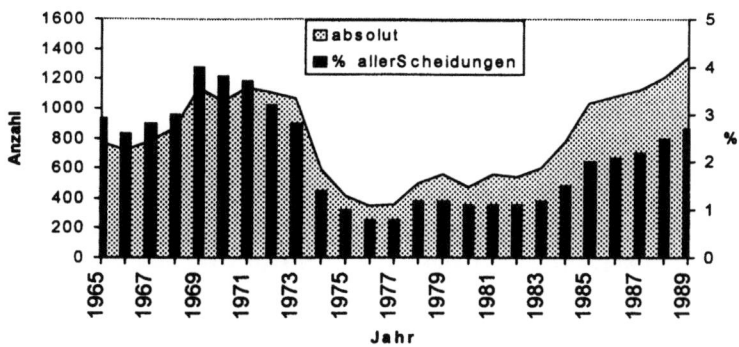

Besonders bemängelt wurde, daß die Gerichte nach Festsetzung einer Unterhaltspflicht keine weiteren Nachprüfungen über die tatsächlich geleisteten Unterhaltszahlungen durchführten.[272] Diese Kontrolle war jedoch um so wichtiger, als der sozialistische Staat die Aufwendungen für säumige Zahler übernehmen mußte. Das wahre Ausmaß dieser staatlichen Belastung dokumentiert ein Brief des damaligen DDR-Justizminister Heusinger an den Generalstaatsanwalt der DDR, Streit. Danach hatte sich die Gesamtzahl der Kinder, für die der sozialistische Staat sog. Unterhaltsvorauszahlungen leisten mußte, von 14.817 Fällen im Jahre 1970 auf 26.878 im Jahre 1980 fast verdoppelt.[273]

---

271 Erstellt nach: Bundesarchiv Berlin-Lichterfelde, DP-1/VA; Best. DDR-Justizministerium, Nr. 8781/8782; Generalstaatsanwalt der DDR: Hauptergebnisse der Kriminalstatistik, div. Jgg. (In Graphik 15 sind lediglich jene Fälle aufgeführt, in denen durch die Behörden gerichtlich auf Unterhalt geklagt wurde).

272 Ebd., S. 9 f.

273 Bundesarchiv Berlin-Lichterfelde, Best. Generalstaatanwalt der DDR, DP-3 IV/55, Bd. 6; Brief Justizminister Heusinger an Generalstaatsanwalt Streit vom 21. Dez. 1982, S. 2. Gleichfalls verdoppelt hatte sich der Anteil der Schuldner, die sich in Strafhaft befanden: von 5.176 (1975) auf 10.596 (1980).

Tabelle 19: Verletzung der Unterhaltspflicht 1965-1989[274]

Jahr	Verletzung der Unterhaltspflicht absolut	Verletzung der Unterhaltspflicht 1965=100	in % aller Ehescheidungen des Jahres
1965	768	100	2,9
1966	718	93,5	2,6
1967	783	102,0	2,8
1968	870	113,3	3,0
1969	1.142	148,7	4,0
1970	1.052	137,0	3,8
1971	1.144	149,0	3,7
1972	1.108	144,3	3,2
1973	1.065	138,7	2,8
1974	591	77,0	1,4
1975	415	54,0	1,0
1976	349	45,4	0,8
1977	354	46,1	0,8
1978	501	65,2	1,2
1979	559	72,8	1,2
1980	473	61,6	1,1
1981	556	72,4	1,1
1982	542	70,6	1,1
1983	603	78,5	1,2
1984	775	100,9	1,5
1985	1.037	135,0	2,0
1986	1.085	141,3	2,1
1987	1.125	146,5	2,2
1988	1.214	158,1	2,5
1989	1.346	175,3	2,7

Häufig wird in der Literatur auch das Bildungsniveau beider Partner als eine wichtige Determinante des potentiellen Scheidungsrisikos genannt. Da aber, wie auch Thomas Klein hervorhebt, in der DDR die Bildungseinflüsse nur partiell die Berufschancen beeinflußten,[275] war

---

274 Erstellt nach: Bundesarchiv Berlin-Lichterfelde, Best. Ministerium der Justiz, DP-1/VA, Nr. Nr. 8781/8782; Generalstaatsanwalt der DDR: Hauptergebnisse der Kriminalstatistik, div. Jgg.

275 Siehe auch Bathke, S. 81 f.

auch deren Relevanz als Scheidungsrisiko eher gering. Von wesentlich größerer Bedeutung hingegen war dabei die hohe Frauenerwerbstätigkeit, da bei einer traditionellen Rollenverteilung und Arbeitsbelastung der Frauen deren im Zeitverlauf deutlich ansteigendes Bildungsniveau[276] auf die Ehen destabilisierend wirkte.[277]

Graphik 16: Geschiedene Ehen, in denen ein oder beide Ehegatte(n) während der Ehe ein Studium aufnahm, in % aller Scheidungen 1958-1970[278]

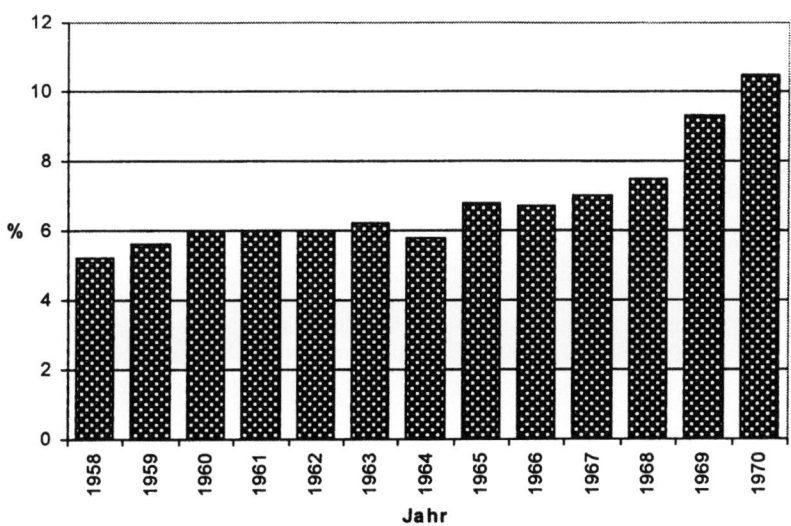

Im Zeitverlauf sank deutlich die Zahl der Ehescheidungen, bei denen beide Partner keinen Schulabschluß hatten. Im Jahre 1978, als letztmals der Schulabschluß gesondert ausgewiesen wurde, war dies lediglich noch in 2,7 % aller Eheauflösungen der Fall. Auffallend war dabei, daß lediglich 6,7 % der Frauen, aber 9,7 % der Männer keinen Schulabschluß hatten. Zugleich war auch die Zahl der Ehescheidungen, in denen Mann und Frau die 12. Klasse abgeschlossen hatten, auf

---

276 Für die Entwicklung der Hochschulbildung siehe ausführlich Mertens, Töchter, S. 141 ff.
277 Klein, Ehescheidung, S. 79.
278 Erstellt nach: Ehescheidungen in der Deutschen Demokratischen Republik 1958 bis 1972.

4,7 % aller Eheauflösungen gestiegen. Auch hier gab es deutliche Unterschiede. Den 10,9 % männlichen Absolventen der 12. Klasse standen nur 8,4 % weibliche gegenüber. Überdies hatte sich zwischen 1958 und 1970 die Zahl der gescheiterten Ehen, in denen zumindest ein Ehepartner ein Hochschulstudium aufgenommen hatte, von fünf auf über zehn Prozent verdoppelt.

Graphik 17: Geschiedene Ehen, in denen ein oder beide Ehegatte(n) während der Ehe ein Studium aufnahm, 1958-1970[279]

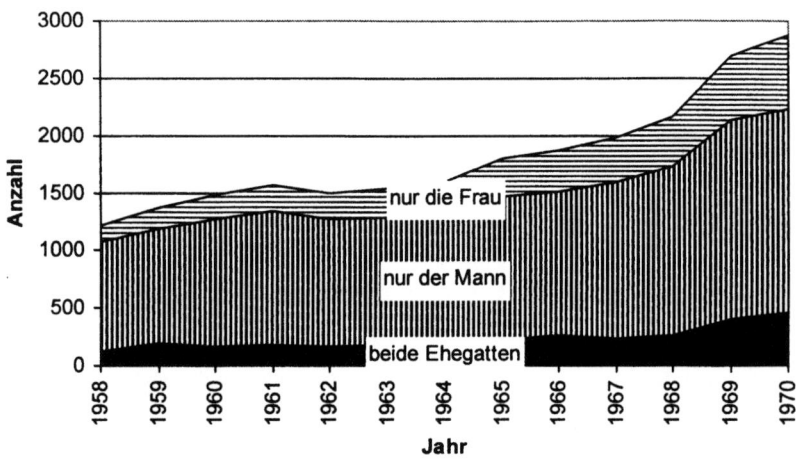

Die Berufstätigkeit der Frauen während der Ehen war vielfältigen Einflüssen und Bedingungen unterworfen. Die Ambivalenz der weiblichen Berufstätigkeit zeigt sich deshalb in einem unrhythmischen Auf und Ab der Einordnungskategorien *„wechselnd/unbekannt“*, *„Anfangs“* oder Arbeitsaufnahme erst *„kurz vor der Ehescheidung“*. Die Entwicklungen, die zumeist von individuell-persönlichen Entscheidungen beeinflußt waren und in quantitativer Hinsicht weniger als ein Drittel aller Ehescheidungen betreffen, sollen daher, aus Gründen der Übersichtlichkeit, in der folgenden Graphik 18 auch außer acht gelassen werden. Denn wesentlich wichtiger für die familiale als auch

---

279   Erstellt nach: Ehescheidungen in der Deutschen Demokratischen Republik 1958 bis 1972.

die gesellschaftliche Entwicklung von Ehen war die grundsätzliche Frage, ob die Frau arbeitete und wenn ja, ob ständig.

Graphik 18: Geschiedene Ehen nach der Berufstätigkeit der Frau 1958-1989[280]

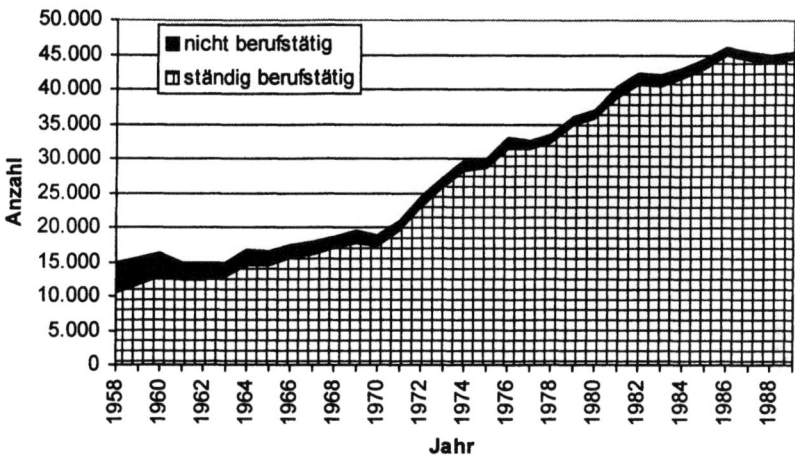

Zwischen 1961 und 1971 waren außerdem deutliche Verschiebungen beim Altersunterschied der Ehepartner konstatierbar. Hervorzuheben ist, neben einer Nivellierung der gravierenden Altersunterschiede zwischen beiden Partner (mehr als zehn Jahre), das Ansteigen der Gleichaltrigkeit von Mann und Frau von einem Promille im Jahre 1961 auf ein Prozent eine Dekade später (1971).

---

280 Erstellt nach: Ehescheidungen in der Deutschen Demokratischen Republik 1958 bis 1972; Ergebnisse der Ehescheidungsstatistik 1973-1989. Ohne die Kategorien „wechselnd/unbekannt", „Anfangs", „kurz vor der Ehescheidung". Die in diesen Kategorien verzeichneten Prozentangaben summieren sich zusammen mit den prozentualen Angaben der beiden hier aufgeführten Kategorien jeweils auf 100 % der Ehescheidungen.

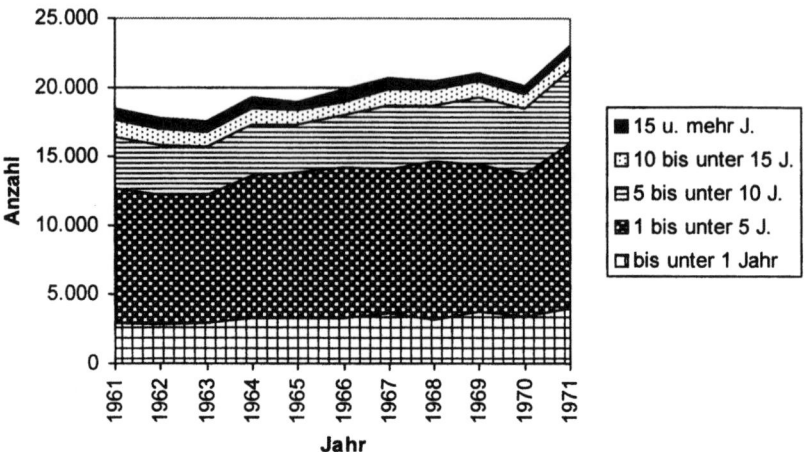

Graphik 19: Ehescheidungen nach dem Altersunterschied der Ehepartner (Mann älter als Frau) 1961-1971[281]

Legende:
- 15 u. mehr J.
- 10 bis unter 15 J.
- 5 bis unter 10 J.
- 1 bis unter 5 J.
- bis unter 1 Jahr

Die Altersdifferenz zwischen den Partnern hatte sich von 1950 bis 1985 bei den bereits geschiedenen Personen stärker reduziert als bei den noch ledigen.[282] Das durchschnittliche Ehescheidungsalter war im Zeitverlauf von 1958-1972 geschlechtsneutral um knapp drei Jahre gesunken, das durchschnittliche Heiratsalter um zwei Jahre. Hierbei war die Frau immer jünger als der Mann; bei der Eheschließung um zwei und bei der Scheidung um drei Jahre.[283] Das durchschnittliche Wiederverheiratungsalter schon geschiedener Personen lag 1985 geschlechtsneutral um zwei Jahre niedriger als 1960; die Männer waren im Durchschnitt 36 und die Frauen 33 Jahre alt.

---

281   Erstellt nach: Ehescheidungen in der Deutschen Demokratischen Republik 1958 bis 1972.
282   Stat. Jb. der DDR 1986, S. 373.
283   Ehescheidungen in der, S. 14. Siehe auch Huinink/Wagner, S. 153 ff.

Graphik 20: Ehescheidungen nach dem Altersunterschied der Ehepartner (Frau älter als Mann) 1961-1971[284]

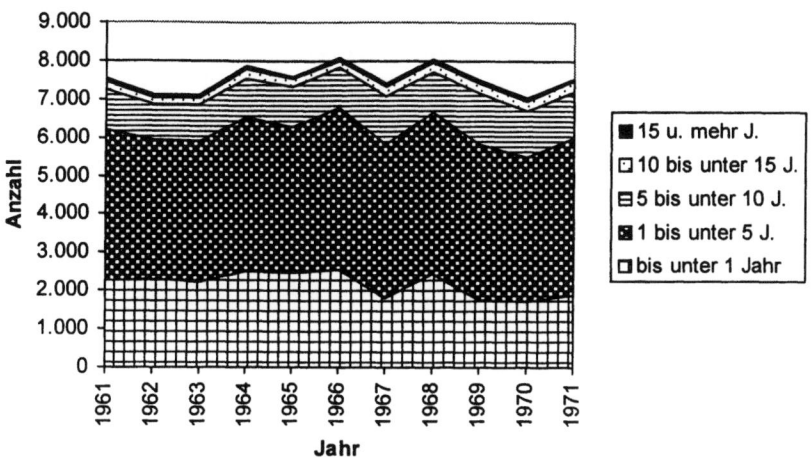

Wie rasch und tiefgreifend jedoch drastische Veränderungen des individuellen Lebens und gravierende Einschnitte in den gesellschaftlichen Alltag aufgrund externer Einflüsse und staatlicher Eingriffe erfolgen können, vermittelt die als Exkurs folgende kurze Analyse der Entwicklung der Ehescheidungen in den fünf neuen Bundesländern nach der deutschen Vereinigung vom 3. Oktober 1990. Bei der Betrachtung des diskontinuierlichen Fortgangs des Ehescheidungsverhaltens in den Jahren 1991-1996, zeigen sich sowohl retardierende Einflüsse als auch systembedingte Anpassungen und Adaptionen vorher unbekannter Wertmaßstäbe und Verhaltensweisen. Zusammenfassend läßt sich bereits vorab konstatieren, daß gleichfalls diese deutliche Veränderung des Ehescheidungsverhaltens auf dem Gebiet der nun ehemaligen DDR die Möglichkeiten staatlichen Eingreifens in individuelle Prozesse und privates Handeln, ungeachtet aller Systemunterschiede und -möglichkeiten, nachdrücklich dokumentiert. Wie der abschließende Exkurs zur Situation nach der deutschen Vereinigung im Jahre 1990 aufzeigt, hat sich die Lage in den fünf neuen

---

284 Erstellt nach: Ehescheidungen in der Deutschen Demokratischen Republik 1958 bis 1972.

Bundesländern dramatisch verändert. Anfang der neunziger Jahre erfolgte ein abruptes Absinken der Scheidungsziffern auf weniger als ein Fünftel des vormaligen hohen Niveaus am Ende der achtziger Jahre. In den zurückliegenden Jahren ist jedoch wieder ein kontinuierliches Ansteigen erkennbar, auch wenn das frühere Niveau erst wieder zur Hälfte erreicht worden ist.

11. Resümee

Nicht nur aufgrund der gemeinsamen Geschichte bis zum Ende des zweiten Weltkrieges, sondern auch aufgrund der durchaus parallelen Entwicklung der Scheidungsziffern nach 1949 lassen sich, ungeachtet der politischen Systemunterschiede, manche Erklärungsmuster von West- auch auf Ostdeutschland übertragen und natürlich umgekehrt. Zugleich sind jedoch auch die unterschiedlichen ideologischen Einflüsse sowie die entsprechenden gesellschaftlichen Sonderentwicklungen mitzuberücksichtigen. Für die DDR seien hier nur die im Lebensalter frühere Familiengründung, die sehr hohe Heirats-Scheidungs-Wiederheiratsdynamik sowie der erheblich größere Anteil an Ein-Elternteilfamilien und die hohe Nichtehelichenquote genannt.[285] Weitere Unterschiede betrafen die stärkere Emanzipation der Frauen, die höhere Frauenerwerbstätigkeit und die damit verbundene größere ökonomische Unabhängigkeit oder den besseren Versorgungsgrad mit Kinderbetreuungsplätzen in Krippen und Horten.

---

285 Peuckert, S. 274 f.

Exkurs: Ehescheidungen in den fünf neuen Bundesländern 1991-1996

Nachfolgend soll kurz bilanziert werden, wie sich die Ehescheidungen in den fünf neuen Bundesländern seit der deutschen Vereinigung am 3. Oktober 1990 entwickelt haben. Bereits vorab sind ein schneller Wandel in den Lebensformen und ein deutlich verändertes Scheidungsverhalten auf dem Gebiet der früheren DDR in den ersten Jahren nach der Vereinigung zu konstatieren. Bei den Lebensformen kam es in den neuen Bundesländern, insbesondere durch die Aufhebung der staatlichen Reglementierungen bei der Wohnungsvergabe, nicht nur zu einer Pluralisierung, sondern auch zu einer Anpassung an die Verhältnisse in den alten Bundesländern. Die Stichproben des Familiensurveys veranschaulichen diesen Wandel. Waren in den fünf neuen Ländern im Jahre 1990 noch 70,3 % der Befragten verheiratet, so sank diese Ziffer bis zum Jahre 1994 auf 63,4 % ab. Der Anteil der zusammenwohnenden Ledigen hatte sich hingegen von 4,8 % (1990) auf 7,5 % (1994) fast verdoppelt.[1] Noch deutlicher wird dieser Trend des Zusammenlebens ohne Trauschein, der mit einer veränderten Einstellung zur Ehe korrelierte,[2] in der Gruppe der 18- bis 30jährigen. Hier sank die Quote der Verheirateten von 44,3 % (1990) um ein Drittel auf 30,4 % (1994) ab, während im gleichen Zeitraum der Anteil der zusammendenwohnenden Ledigen um über die Hälfte anstieg: von 13,5 % (1990) auf 22,1 % (1994).[3] Die drastische Abwärtsentwicklung der Eheauflösungen war zu Beginn der neunziger Jahre so stark, daß dadurch die gesamtdeutschen Scheidungsziffern nachhaltig beeinflußt wurden, obgleich die Bevölkerung in den fünf neuen Ländern quantitativ nur einem Fünftel der Population der Bundesrepublik nach dem 3. Oktober 1990 entspricht.[4]

---

1   Berechnet nach: Marbach/Bien/Bender, S. 29, Tab. 1.

2   Bei der Frage „Ehe als Lebenssinn" sank der Skalenwert von 3,25 (1990) auf 3,15 (1994), während die Zustimmung bei der Frage „Ehe als Belastung" von 2,47 (1990) auf 2,54 (1994) stieg; Bien, S. 262, Tab. 10.

3   Berechnet nach: Marbach/Bien/Bender, S. 32, Tab. 2.

4   Alle nachfolgenden statistischen Angaben sind den Statistischen Jahrbüchern der Bundesrepublik Deutschland, der DDR sowie den Statistischen Jahrbüchern für Brandenburg, Mecklenburg-Vorpommern, Sachsen, Sachsen-Anhalt und Thüringen 1991-1996 entnommen.

Graphik 21: Ehescheidungen in den alten und neuen Bundesländern

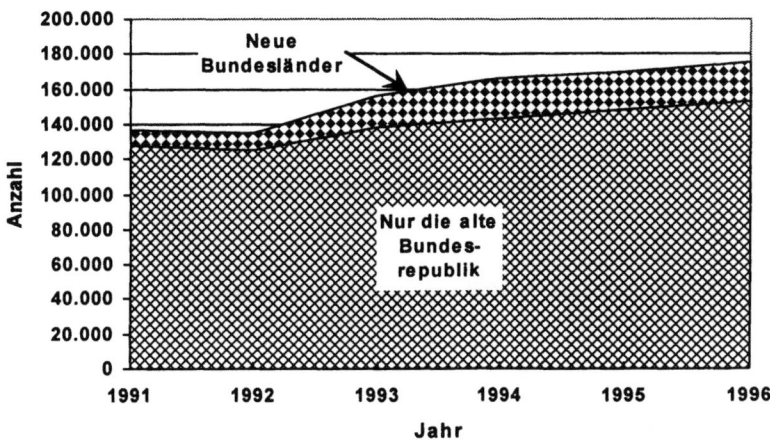

Der Anteil der fünf neuen Länder an der Gesamtzahl aller Ehescheidungen in der Bundesrepublik Deutschland hat sich von 1991 bis 1996 bereits wieder verdoppelt.[5] Eine Gegenüberstellung der Entwicklung in den fünf neuen Bundesländern nach 1990 mit den Scheidungszahlen aus den letzten Jahren der DDR belegt, welche dramatischen Veränderungen im Scheidungsverhalten in den ersten Nachwendejahren eingetreten sind. Sank die Ziffer der Ehescheidungen anfänglich auf nur noch ein Fünftel des ehemaligen DDR-Niveaus, so betrug die Ziffer der gerichtlichen Ehelösungen in den neuen Bundesländern im Jahre 1996 bereits wieder die Hälfte des früheren Höchststands. Der immense Rückgang zu Beginn der neunziger Jahre war einerseits die Folge der Umstellung des Rechtssystems, durch die es aufgrund der personellen Neuordnung des Justizwesens zu einer verzögerten Antragsbearbeitung[6] kam, höhere Kosten entstanden,[7] und

---

5   Pressemitteilung, Statistisches Bundesamt vom 24. Juli 1997; allein im Jahre 1996 kam es zu einer Zunahme um 5,9 %.

6   In Brandenburg dauerten die Verfahren im Jahre 1995 durchschnittlich 13,8 Monate, 1996 bereits 16,2 Monate; Pressemitteilungen Landesamt für Datenverarbeitung und Statistik Brandenburg 54/96 vom 22. Mai 1996 u. 63/97 vom 22. Apr. 1997.

7   Wagner, S. 158 ff.; Peuckert, S. 276.

außerdem - aufgrund der nun geltenden bundesdeutschen Rechtsbe-
stimmungen - die Bedingung des einjährigen Trennungsjahres[8] einzu-
halten war. Außerdem wurden aufgrund der unvertrauten neuen rechtlichen Situation anfänglich Ehen noch aufrechterhalten, die dann, mit
einer zeitlicher Verzögerung, geschieden wurden.[9]

Graphik 22: Zahl der Scheidungen in der DDR 1985-89/Fünf neue
Bundesländer 1991-1996[10]

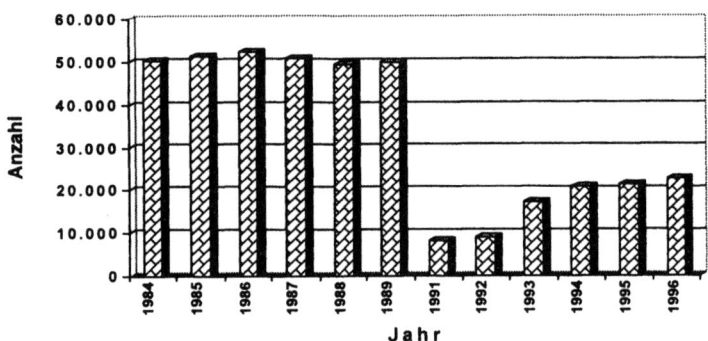

Andererseits war die geringe Scheidungshäufigkeit der gravierenden sozio-ökonomischen Umbruchssituation geschuldet, in deren Verlauf rund ein Drittel der Beschäftigten der ehemaligen DDR entweder
arbeitslos wurden, Kurzarbeit machten oder in temporären Arbeits-
beschäftigungsprogrammen tätig waren.[11] Wie es auch die Arbeits-
marktanalysen des Instituts für Arbeitsmarkt- und Berufsforschung
(IAB) der Nürnberger Bundesanstalt für Arbeit deutlich dokumentieren,[12] sind insbesondere die ostdeutschen Frauen[13] die Verlierer

---

8 Dorbritz, S. 190.
9 Schneider, S. 307.
10 Fünf neue Bundesländer 1991-96 jedoch ohne Ost-Berlin.
11 Lötsch, S. 16. Siehe auch Diewald et al., S. 307 ff.; Schneider, S. 195.
12 Engelbrecht/Reinberg, Beschäftigungskrise; Dies., Frauen; Bertram, Wende, S. 271 f. Vgl.
   Esser, S. 252 ff., der einen „eindeutigen" Effekt der Frauenerwerbstätigkeit auf die Scheidungsraten in den westlichen Industriestaaten negiert.
13 Siehe ausführlich u.a.: Holst/Schupp, S. 49 ff.; Nickel, S. 250; Stahler, S. 169 ff.

des Vereinigungsprozesses. Nicht nur, weil ihre Arbeitslosenquote in allen Regionen deutlich über der Rate der Männer liegt, sondern auch, weil drei Viertel der Langzeitarbeitslosen weiblich sind.[14]

Tabelle 20: Arbeitslosenquote in den fünf neuen Bundesländern nach Geschlecht 1991-1996[15]

Jahr	Brandenb.		Meckl.-V.		Sachsen		S.-Anhalt		Thüringen	
	M.	F.	M.	F.	M.	F.	M.	F.	M.	F.
1991	8,8	8,8	11,2	13,8	6,9	11,4	8,5	12,3	7,6	12,8
1992	10,7	10,7	15,1	22,9	8,8	18,9	10,2	20,8	10,1	21,0
1993	15,3	20,6	13,6	21,8	9,5	20,6	12,0	22,8	10,8	22,2
1994	15,3	20,8	12,3	22,1	9,6	22,3	12,3	23,3	16,5	22,6
1995	14,2	18,7	12,1	20,5	9,4	19,8	12,3	20,9	15,0	19,8
1996	13,1	19,6	15,1	21,1	12,5	19,8	15,6	22,1	16,7	20,0
Dez'97	16,8	23,9	19,1	25,0	16,3	23,6	19,5	26,4	17,1	23,9

Graphik 23: Eheschließungen in der DDR/Fünf neue Bundesländer 1985-1996[16]

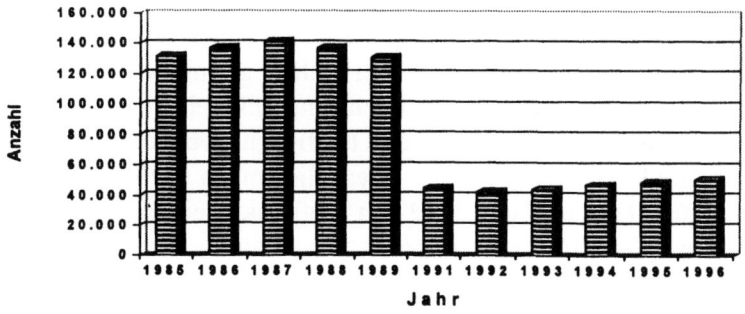

---

14 Helwig, Rechte, S. 197. Siehe auch Pressemitteilung, Statistisches Landesamt Freistaat Sachsen vom 23. Mai 1997.

15 Angaben 1991-1996 nach den Mitteilungen der fünf Statistischen Landesämter an den Verfasser. Angaben für Dez. 1997 nach: Bundesanstalt für Arbeit, Arbeitsmarkt-Online (dort: Datenbanken für die fünf neuen Bundesländer).

16 Fünf neue Bundesländer 1991-96 jedoch ohne Ost-Berlin.

Der wohl wichtigste und am längsten beeinflussende Faktor für die Scheidungszurückhaltung war dabei der durch die Vereinigung eingeleitete gesellschaftliche Wandel, der Zusammenbruch des vertrauten makrostrukturellen Rahmens, der neben dem Verlust des Arbeitsplatzes,[17] häufig mit dem Aufbrechen tradierter privater Strukturen verbunden war. So wurde vorübergehend die generelle kontinuierliche Abnahme der institutionellen und sozialen Funktionen der Ehe angehalten und ihre klassische Funktion als Zufluchtsstätte gewann wieder an Bedeutung.[18]

Tabelle 21: Eheschließungen in den neuen Bundesländern 1991-1996

	Brandb.	Meck.	Sachsen	Sa-Anh.	Thüring	Gesamt
1991	8.328	5.465	14.731	8.301	8.306	45.131
1992	7.901	5.386	13.405	8.329	7.763	42.784
1993	7.901	5.458	13.808	8.854	7.955	43.976
1994	8.502	5.626	14.795	9.415	8.581	46.919
1995	8.775	6.113	15.474	9.667	8.781	48.810
1996	8.756	6.490	15.402	9.534	8.646	50.824
Gesamt	50.163	34.538	87.615	54.100	50.032	276.448

Diese allgemeine individuelle Verunsicherung in der Umbruchsphase verdeutlicht gleichfalls die erheblich geringere Zahl der Eheschließungen. Die Zahl der Heiraten ging zeitweise um bis zu 65 % zurück - ein in Krisenzeiten sehr häufig zu beobachtendes Phäno-men.[19] Der starke Einbruch der Eheschließungen nach der deutschen Vereinigung fand im Jahre 1992 den Tiefpunkt; seitdem ist wieder ein kontinuierliches Ansteigen zu beobachten. Dennoch bleiben regionale Unterschiede bestehen. Während in vier der fünf neuen Bundesländer bereits im Jahre 1993 erstmals ein leichtes Ansteigen der Bereitschaft

---

17 Die höchsten Anteile arbeitsloser Frauen wurden im August 1997 in Sachsen (59,5 %), Thüringen (59,6 %) und Brandenburg (59,0 %) registriert. Während Sachsen-Anhalt mit 57,8 % genau dem Durchschnitt aller neuen Bundesländer entsprach, lag Mecklenburg-Vorpommern mit 56,7 % darunter; Bach/Jung-Hammon/ Otto, S. 17, Tab. 6.

18 Siehe ausführlich Peuckert, S. 276 f.; Diewald et al., S. 336 ff.; Esser, S. 274; Meyer, S. 44; Schröder, S. 66 ff.

19 Dorbritz, S. 190; Gaserow, S. 75.

zur Eheschließung zu konstatieren war, verharrte Brandenburg bei einer absolut identischen Zahl von Eheschließungen wie 1992. In vier der Länder wurde der Höchststand von Eheschließungen im Jahre 1995 erreicht, da die Werte für 1996 wieder etwas niedriger lagen. Nur Mecklenburg-Vorpommern übertraf 1996 den Vorjahresstand.

Mit 19,8 Scheidungen pro 10.000 Einwohner näherten sich die Scheidungen sukzessive dem Mittel (1995: 21,9) der alten Bundesländer.[20] Dies dürfte u.a. damit zusammenhängen, daß dort die Zahlen für die Jahre 1991-1994 auf niedrigem Niveau verharrten und nicht wie in den übrigen vier neuen Bundesländern sukzessive anstiegen.

Tabelle 22: Zahl der Geburten in den fünf neuen Bundesländern[21]

Jahr	Lebendgeborene
1991	107.800
1992	88.300
1993	80.500
1994	78.700
1995	83.800
1996	93.300

Aber auch das dramatische Absinken der Geburten nach 1990 ist ein weiteres Kennzeichen von Krisenzeiten, wie sich die grundlegenden Veränderungen für die Bürger in den fünf neuen Bundesländern darstellen.[22] Hierbei ist jedoch zu beachten, daß der Geburtenrückgang[23] zum einen ein Reflex auf die mit der Vereinigung weggefallenen staatlichen Fördermaßnahmen war und vor allem die Zahl der kinderreichen Familien reduzierte. Dies war indes nicht eine grundsätzliche Entscheidung gegen Kinder, da die Ziffer der kinderlosen

---

20 Presseinformation Statistisches Landesamt Mecklenburg-Vorpommern 31/97 vom 26. März 1997.
21 Statistisches Bundesamt, Pressemitteilung vom 2. Okt. 1997.
22 In Thüringen kam es 1996 gegenüber 1995 zwar zu einem Geburtenanstieg von 11 %, doch trotzdem entsprachen die 15.200 Babys nicht einmal der Hälfte der Geburtenziffer vor 1989; Pressemitteilung Thüringer Landesamt für Statistik 20/97 vom 11. Feb. 1997.
23 Die Zahl der Lebendgeborenen in der DDR im Jahre 1989 hatte 198.900 betragen.

Ehen im Vergleich zum alten Bundesgebiet deutlich niedriger blieb.[24] Zum anderen war bereits Mitte der achtziger Jahre, aufgrund der sinkenden Zahl von Frauen im gebärfähigen Alter, mit einem Rückgang der Geburten zu Beginn der neunziger Jahre gerechnet worden;[25] wobei die Vereinigungsfolgen diesen Trend noch verstärkten. Erst im Jahre 1996 kam es in den neuen Bundesländern im Vergleich zum Vorjahr wieder zu einem Anstieg der Geburten.[26] Nicht nur die wiederansteigenden Geburtenzahlen belegen die Auffassung, daß es sich lediglich um einen, durch die Umbruchssituation des Vereinigungsprozesses ausgelösten, partiellen Aufschub des Kinderwunsches gehandelt habe.[27] Auch das deutlich nach oben verschobene Durchschnittsalter der Frauen bei der Geburt des ersten Kindes bestätigt dies. So waren die Frauen in den fünf neuen Bundesländern[28] im Jahre 1991 bei der ersten Niederkunft im Mittel 24,9 Jahre, im Jahre 1996 hingegen bereits 27,3 Jahre alt.[29] Beide Phänomene wurden zwar durch den deutschen Vereinigungsprozeß und die damit verbundenen sozio-ökonomischen Probleme in den neuen Bundesländern hervorgerufen. Zu berücksichtigen ist dabei auch, daß über eine Million, zumeist junger Menschen, aus der DDR/neuen Bundesländern in Richtung altes Bundesgebiet abwanderten. Zugleich ist dies alles ein Zeichen für die rasche Abkehr vom realsozialistischen Lebensentwurf, der durch staatliche Vorgaben geprägt war. Denn typisch für die DDR waren eine frühe Heirat (eigene Wohnung nur für Verheiratete - aber auch ein höheres Scheidungsrisiko) und eine frühe Mutterschaft (erleichtert durch die umfangreichen Sozialleistungen).[30] In diesen Punkten erfolgte eine rasche Anpassung[31] an das „Westniveau" und die allgemeine Situation in den alten Bundesländern, wo eine späte

---

24 So Peuckert, S. 275 f.

25 Helwig, Familie, S. 77.

26 Pressemitteilung, Statistisches Bundesamt vom 18. Feb. 1997.

27 Peuckert, S. 278 f.

28 Statistisches Bundesamt, Pressemitteilung vom 2. Okt. 1997. Im früheren Bundesgebiet lag das Durchschnittsalter 1996 mit 28,4 Jahren sogar noch um ein Jahr höher.

29 In der DDR hatte 1989 das Durchschnittsalter bei 22,9 Jahren gelegen; Meyer, S. 40.

30 Informativ dazu ist die Gegenüberstellung der frauenspezifischen arbeits- und sozialpolitischen Regelungen in der DDR und der Bundesrepublik in Trappe, S. 40 f., Tab. 1.

31 Nauck/Joos, S. 253, Tab. 1. Siehe auch Höhn/Dorbritz, S. 150; Süßmuth, S. 225 ff.

Heirat[32] sowie Geburten im höheren Lebensalter den statistischen Durchschnitt kennzeichnen.

Noch keine Anpassung ist hingegen beim Anteil der nichtehelichen Geburten zu konstatieren. In beiden Teilen Deutschlands steigt der Anteil der unehelich geborenen Kinder kontinuierlich an.[33] Prozentual gesehen, stieg deren Zahl zwar in der alten Bundesrepublik in den letzten fünf Jahren rascher an, jedoch bei deutlich niedrigerem Ausgangsniveau. So ist in den neuen Bundesländern der Anteil der von unverheirateten Müttern zur Welt gebrachten Lebendgeborenen noch immer viermal so groß (1996: 423,9 je 1.000 Geburten) als im alten Bundesgebiet (1996: 136,8 je 1.000 Geburten). Neben der Fortsetzung alter DDR-Schemata dürfte dies in der fast völlig fehlenden konfessionellen Bindung und einer deutlich geringeren Stigmatisierung unehelicher Geburten begründet sein. Darüber hinaus ist auf dem Gebiet der früheren DDR die Zahl nichtehelicher Lebensgemeinschaften seit der Wende stark angestiegen,[34] da nun auch unverheiratete Paare eine Wohnung erhalten.

Zwischen den fünf neuen Bundesländern gibt es erhebliche Unterschiede bei der quantitativen Zahl der Scheidungen, die jedoch nur zum geringeren Teil der unterschiedlichen Bevölkerungsgröße geschuldet sind. Lokale Besonderheiten und regionale ökonomische Entwicklungen scheinen dabei ebenfalls eine Rolle zu spielen. Wird die Gesamtzahl der Scheidungen im Jahre 1991 als Richtgröße genommen, zeigt sich, daß es in Sachsen-Anhalt bis 1996 lediglich zu einer Verdoppelung um den Faktor 2,3 kam, während die Scheidungsziffern in Sachsen hingegen um das 3,5 fache anstiegen. Die in der

---

32 Presseinformation Statistisches Landesamt Mecklenburg-Vorpommern 109/97 vom 13. Okt. 1997, wonach 1996 das durchschnittliche Heiratsalter bei 29,3 (Mann) und bei 26,8 (Frau) Jahren lag, in der DDR war es unter 25 bzw. unter 24 Jahre. Bertram, Wende, S. 282.

33 Im Jahre 1992 waren es im alten Bundesgebiet 115,9 und in den neuen Bundesländern 418,2 je 1.000 Lebendgeborene gewesen.

34 In Mecklenburg-Vorpommern kam es 1996 zu einer Zunahme um 2,3 %. Insgesamt gab es 45.000 nichteheliche Lebensgemeinschaften in Mecklenburg-Vorpommern, 69.000 in Sachsen-Anhalt und 70.000 in Brandenburg; Pressemitteilung 23/97, Statistisches Landesamt Mecklenburg-Vorpommern vom 10. März 1997; Pressemitteilung Nr. 23, Statistisches Landesamt Sachsen-Anhalt vom 27. Feb. 1997; Pressemitteilung 09/97, Landesamt für Datenverarbeitung und Statistik Brandenburg vom 22. Jan. 1997.

theoretischen Literatur zu findende Erklärung, daß Ehescheidungen ökonomischen Zyklen folgen und bei einer positiven wirtschaftlichen Entwicklung die Zahl der Scheidungen ansteigt, würde somit durch den Freistaat Sachsen bestätigt. Dieser Ansatz erklärt jedoch nicht,[35] warum es in Mecklenburg-Vorpommern, dem Bundesland mit der höchsten Arbeitslosenquote, gleichfalls zu einer überproportionalen Zunahme der Scheidungen kommt. Der Lehrsatz, daß die Scheidungsrate mit dem räumlichen Kontext variiert und diese in Großstädten deutlich höher liegt als in ländlichen Regionen, wird durch Sachsen verifiziert, jedoch durch Mecklenburg-Vorpommern falsifiziert.

Graphik 24: Scheidungsentwicklung 1991-1996 (1991=100)[36]

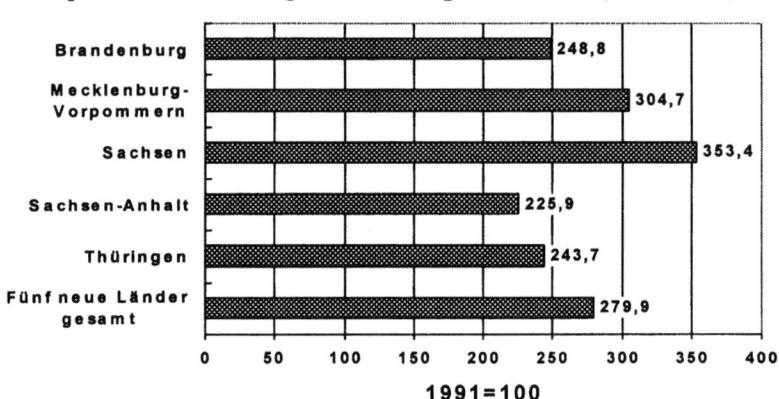

Eine der Erklärungen für diese Sonderentwicklung liegt wohl in der spezifischen Bevölkerungs- und Arbeitsmarktsituation des agrarisch struktrurierten Ostseeraumes.[37] Die relative hohe Arbeitslosigkeit vor Ort sowie der damit verbundene überproportionale Pendlerstrom[38] nach Westen in die alten Bundesländer[39] lösten aufgrund der

35 Siehe auch Bertram, Lebensformen, S. 132 u. S. 135.

36 Eigene Berechnungen nach den Ergebnissen der Jahre 1991-1996.

37 Neef/Schäfer, S. 50 u. S. 54.

38 Siehe Grundmann, S. 17, S. 20 f., S. 24.

39 Im Jahre 1995 erreichten in Mecklenburg-Vorpommern die Bruttostundenverdienste der Industriearbeiter nur 74,2 % und die der Angestellten lediglich 81,5 % der Durchschnittsgehälter im benachbarten Schleswig-Holstein; Presseinformation Statistisches Landesamt Mecklenburg-Vorpommern 105/97 vom 1. Okt. 1997.

hohen psychischen (ungewohnter Leistungsdruck) und zeitlichen Belastungen und des Kontaktes mit neuen Arbeitskollegen oftmals im familialen Bereich Spannungen aus, die offenkundig ihren Niederschlag in den Eheauflösungen fanden.[40]

Graphik 25: Scheidung nach Antragsteller 1991-1996[41]

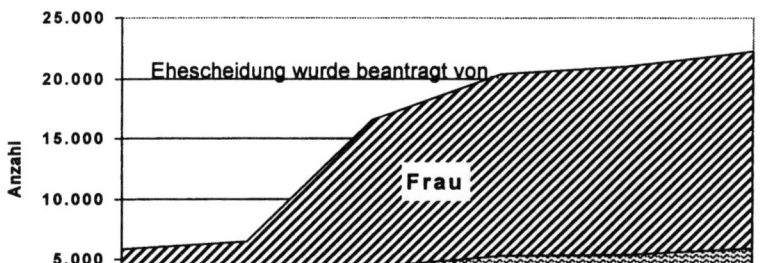

Schon in der DDR stieg seit Ende der fünfziger Jahre die Zahl der von Frauen eingereichten Klagen kontinuierlich an. Der Antrag auf Ehescheidung erfolgte zwischen Frau und Mann im Verhältnis 3:1. Gegenüber der Entwicklung in der ehemaligen DDR ist in den fünf neuen Bundesländern ein leichtes Ansteigen der männlichen Klagebereitschaft erkennbar.[42] Erklärbar wird dies durch die überproportional hohe weibliche Erwerbslosigkeit im Vereinigungsprozeß, wodurch die Frauen ihre ökonomische Selbständigkeit verloren,[43] vom Partner

---

40 Siehe auch Hoffmann-Nowotny, S. 10.

41 Von beiden Ehepartner gemeinsam wurde die Scheidung beantragt: 1991: 667 (8,2 %); 1992: 422 (4,6 %); 1993: 684 (4,0 %); 1994: 576 (2,7 %); 1995: 452 (2,1 %) und 1996 in 495 Fällen (2,2 %). Für die Jahre 1991 und 1992 fehlt in den Jahresstatistiken für den Freistaat Thüringen eine geschlechtsdifferenzierte Aufteilung des Scheidungsantrags, daher sind hier für 1991 und 1992 nur die übrigen vier Länder aufgeführt.

42 In den alten Bundesländern reichten Frauen 58 % der Klagen ein; Peuckert, S. 144. Pressemitteilung Nr. 91, Statistisches Landesamt Sachsen-Anhalt vom 29. Okt. 1996.

43 Siehe Holst/Schupp, S. 53 f. zum Druck auf die Frauen, sich dauerhaft vom Arbeitsmarkt zurückzuziehen.

materiell abhängig wurden und seltener von sich aus eine Trennung betreiben konnten.

Tabelle 23: Geschiedene Ehen nach Kläger, Brandenburg 1991-1996

Branden burg Jahr	Ehescheid gesamt abs.	Ehescheidung wurde beantragt von[44]			
		Mann		Frau	
		abs.	in %	abs.	in %
1991	1.614	389	24,1	1.032	63,9
1992	1.687	378	22,4	1.133	67,2
1993	3.341	757	22,6	2.338	70,0
1994	3.851	965	25,1	2.796	72,6
1995	3.949	975	24,7	2.953	74,8
1996	4.016	1.075	26,8	2.925	72,8

Tabelle 24: Geschiedene Ehen nach Kläger, Mecklenburg-Vorpommern 1991-1996

Mecklen burg-V. Jahr	Ehescheid gesamt abs.	Ehescheidung wurde beantragt von[45]			
		Mann		Frau	
		abs.	in %	abs.	in %
1991	1.180	251	21,3	770	65,2
1992	1.256	235	18,7	891	70,9
1993	2.126	469	22,1	1.525	71,7
1994	2.540	555	21,9	1.827	71,9
1995	3.128	714	22,8	2.307	73,8
1996	3.595	864	24,0	2.688	74,8

Zum andereren fühlten sich viele Männer durch den Ausfall des weiblichen Erwerbseinkommens zu stark belastet und betrieben nun ihrerseits verstärkt die Eheauflösung.[46] Besonders in Ehen, die bereits vor dem Vereinigungsprozeß kriselten oder die Frau vor der Wende

---

44 In Brandenburg wurde die Scheidung gemeinsam beantragt: 1991: 193 (12,0 %); 1992: 176 (10,4 %); 1993: 246 (7,4 %); 1994: 90 (2,3 %); 1995: 21 (0,5 %); 1996: 16 (0,4 %).

45 In Mecklenburg-Vorpommern wurde die Scheidung gemeinsam beantragt: 1991: 159 (13,5 %); 1992: 130 (10,4 %); 1993: 132 (6,2 %); 1994: 158 (6,2 %); 1995: 107 (3,4 %); 1996 in 43 Fällen (1,2 %).

46 Schneider, S. 307.

ein höheres Arbeitseinkommen erzielte,[47] dürfte eine Entsolidarisierung der partnerlichen Gemeinschaft eingesetzt haben, infolge langjährig gehegter männlicher Minderwertigkeitskomplexe gegenüber ihren zuvor gesellschaftlich selbständigen und ökonomisch unabhängigen Partnerinnen.

Tabelle 25: Geschiedene Ehen nach Kläger, Sachsen 1991-1996

| Sachsen | Ehescheid gesamt | Ehescheidung wurde beantragt von[48] | | | |
| | | Mann | | Frau | |
Jahr	abs.	abs.	in %	abs.	in %
1991	2.194	541	24,7	1.495	68,1
1992	2.010	567	28,2	1.368	68,1
1993	5.116	1.343	26,2	3.693	72,2
1994	6.519	1.793	27,5	4.695	72,0
1995	7.043	1.907	27,1	4.966	70,5
1996	7.754	1.989	25,7	5.556	71,7

Tabelle 26: Geschiedene Ehen nach Kläger, Sachsen-Anhalt
1991-1996

| Sach.-A. | Ehescheid gesamt | Ehescheidung wurde beantragt von[49] | | | |
| | | Mann | | Frau | |
Jahr	abs.	abs.	in %	abs.	in %
1991	1.519	373	24,6	989	65,1
1992	1.917	495	25,8	1.381	72,0
1993	4.042	1.132	28,0	2.872	71,0
1994	4.287	1.055	24,6	3.222	75,2
1995	3.867	931	24,1	2.936	75,9
1996	3.432	947	27,6	2.438	71,0

---

47 Ein Zwölftel der DDR-Frauen erzielte ein höheres Einkommen als ihre Ehegatten (Tab. 11).

48 In Sachsen wurde die Scheidung gemeinsam beantragt: 1991: 158 (7,2 %); 1992: 75 (3,7 %); 1993: 80 (1,6 %); 1994: 31 (0,5 %); 1995: 170 (2,4 %); 1996: 209 (2,7 %).

49 In Sachsen-Anhalt wurde die Scheidung gemeinsam beantragt: 1991: 157 (10,3 %); 1992: 41 (2,1 %); 1993: 38 (0,9 %); 1994: 10 (0,2 %), 1995 nicht, 1996: 47 (1,4 %).

Den geringsten Anteil männlicher Antragsteller gab es in Mecklenburg-Vorpommern (21,7 %), den höchsten Klägeranteil in Sachsen (26,9 %). Den höchsten Klägerinnenanteil hatte hingegen Sachsen-Anhalt (72,9 %), während der niedrigste Frauenanteil unter den Antragstellerinnen in Sachsen (70.9 %) gegeben war. Der Prozentsatz der Eheauflösungen, in denen beide Partner gemeinsam die Scheidung beantragt hatten, sank von acht Prozent im Jahre 1991 auf lediglich zwei Prozent in den Jahren 1995 und 1996. Im Freistaat Sachsen war, parallel zur guten ökonomischen Entwicklung, ein kontinuierliche Zunahme der Scheidungsziffern gegeben, während es in Sachsen-Anhalt, als einzigem neuen Bundesland, in den Jahren 1995 und 1996 zu einem deutlichen Rückgang der Scheidungsziffern kam. Ob dieses Absinken, das anscheinend mit der negativen Wirtschaftsentwicklung korreliert, auf die hohe Arbeitslosigkeit in der ehemaligen Schwerindustrieregion der DDR zurückzuführen ist, bedürfte umfangreicher Analysen. Die stetige Aufwärtsentwicklung der Scheidungsziffern in Thüringen wird nur 1995 durch eine Abnahme unterbrochen. Ob ein temporärer Zusammenhang zum ebenfalls kurzzeitigen Absinken der Arbeitslosenquote in 1995 besteht, kann hier nicht geklärt werden.

Tabelle 27: Geschiedene Ehen nach Kläger, Thüringen 1991-1996

Thüringen	Ehescheidungen gesamt	Ehescheidung wurde beantragt von[50]			
		Mann		Frau	
Jahr	abs.	abs.	in %	abs.	in %
1991[51]	1.623	o.A.		o.A.	
1992[52]	2.233	o.A.		o.A.	
1993	2.643	633	23,9	1.822	68,9
1994	3.795	911	24,0	2.597	68,4
1995	3.493	849	24,3	2.490	71,3
1996	3.955	997	25,2	2.778	70,2

50 In Thüringen wurde die Scheidung gemeinsam beantragt: 1993: 188 (7,1 %); 1994: 87 (7,6 %); 1995: 154 (4,4 %); 1996: 180 (4,6 %).
51 Für das Jahr 1991 wurde die Beantragung nicht nach Geschlecht differenziert.
52 Für das Jahr 1992 wurde die Beantragung nicht nach Geschlecht differenziert.

Kontinuierlich stieg in den vergangenen Jahren der Anteil der gescheiterten Ehen ohne Kinder (1994 28,9 %, 1995 29,3 %, 1996 30,6 %). Hier dürften sich zum einen der starke Geburtenrückgang[53] zu Beginn der neunziger Jahre und zum anderen die große Zahl von Scheidungen nach nur kurzer Ehedauer widerspiegeln. Insgesamt gesehen jedoch, stieg die durchschnittliche Ehedauer durch die verzögerten Trennungen aus der Wendezeit etwas an. Im Freistaat Thüringen z.b. hatten die aufgelösten Ehen statt durchschnittlich vier Jahre (1993) nun in der Regel sieben Jahre (1996) bestanden. Dies galt auch für Brandenburg, wo bereits sechs Prozent der Ehepaare bei der Eheauflösung die „Silberne Hochzeit" hinter sich hatten.[54] Aber auch die prinzipielle Einstellung gegenüber Kindern, die gegenüber den alten Bundesländern von einer höheren Wertschätzung von Elternschaft und Kindern geprägt war,[55] hat sich grundsätzlich gewandelt, insbesondere im Hinblick auf die Vereinbarkeit von Kindern mit einer weiblichen Erwerbstätigkeit,[56] da sich die außerfamiliären Betreuungsverhältnisse seit der Vereinigung gegenüber den DDR-Verhältnissen deutlich verschlechtert haben.[57] Auch bei den Hausarbeiten kann keinerlei Rede von einer partnerschaftlichen Arbeitsaufteilung sein, da auch in den neuen Bundesländern die Frauen immer noch überproportional damit belastet sind.[58] Neben den direkt involvierten Erwachsenen waren jährlich mehrere zehntausend Kinder von der Eheauflösung betroffen, da sie durch die Trennung ihrer Eltern aus der vertrauten Familiensituation[59] herausgerissen wurden. Im Zeitverlauf der Jahrzehnte zeigte sich, daß die Funktion der Kinder als „Kitt" einer Ehe deutlich abnimmt. Die Rolle der Stabilisatoren wurde auch bei mehreren leiblichen Kindern immer geringer. Von gut der Hälfte auf zwei Drittel aller Scheidungen stieg die Zahl der Eheauflösungen

---

53 Zum Wertewandel bei jungen Frauen siehe Schröter, S. 144 ff.; Klein et al., S. 72 ff.

54 Pressemitteilung Thüringer Landesamt für Statistik 97/97 vom 4. Juni 1997; Pressemitteilung Landesamt für Datenverarbeitung und Statistik Brandenburg 63/97 vom 22. Apr. 1997.

55 Siehe ausführlich Bien, S. 258 f., insbesondere Tab. 7.

56 Nauck/Joos, S. 276 f.; Höckner, S. 343 f.; Schreier, S. 160 f.

57 Siehe Joos, Wandel, S. 208 ff. Zum kontinuierlichen Rückgang der Kindergarten- und -hortplätze siehe auch Höckner, S. 337 ff.; Klein et al., S. 67, Abb. 2.

58 Siehe ausführlich dazu Ehling, S. 272 f.; Bertram, Wende, S. 277 ff.

59 Zur Typologie von Familienmilieus siehe Nauck, Familien, S. 98 ff..

an, in denen minderjährige gemeinsame Kinder von der Trennung betroffen waren. So verdreifachte sich die Zahl der Ehescheidungen mit drei, vier oder mehr Kindern, obgleich allgemein die Hypothese gilt, daß die Stabilität einer Ehe mit der Zahl der leiblichen gemeinsamen Kinder steigt.[60] Daß diese Ziffer in den achtziger Jahren jedoch wieder leicht sank, lag weniger an einer Umkehrung dieses fortschreitenden Trends als vielmehr an der Tatsache, daß immer weniger Familien mehr als zwei Kinder hatten und ergo auch die Gesamtzahl der Scheidungsfälle mit mehreren Kindern deutlich zurückging.[61]

Tabelle 28: Ehescheidungen in den fünf neuen Bundesländern nach Zahl der minderjährigen gemeinsamen Kinder 1991-1996

Jahr	ohne Kinder absolut	mit Kinder absolut	davon Ehescheidungen mit				betroff. Kinder insges.
			einem Kind	zwei Kinder	drei Kinder	vier u. mehr K	
1991	3.399	4.731	2.859	1.586	222	64	6.990
1992	3.121	5.982	3.690	1.957	260	75	8.751
1993	5.096	12.172	7.260	4.121	630	161	18.214
1994	6.060	14.932	8.965	4.988	751	228	22.215
1995	6.294	15.186	8.872	5.235	822	257	23.040
1996	6.957	15.795	9.378	5.333	858	226	24.310
91-	30.927	68.798	41.024	23.220	3.543	1.011	103.52
in %	28,4	63,3	59,6	33,8	5,1	1,5	1,5

Die Durchschnittsziffer der in Ehen mit Kindern von der Scheidung betroffenen Nachkommen lag im Jahre 1991 bei 1,48 Kindern und stieg bis 1996 leicht auf 1,54 an. Insgesamt war von den grundlegenden Veränderungen in ihren familiären Lebensverhältnissen jährlich etwa ein Prozent der Bevölkerung betroffen. Auch für die Ent-

---

60 Hartmann, S. 75; Klein et al., S. 79.
61 Presseinformation des Statistischen Landesamt Mecklenburg-Vorpommern 31/97 vom 26. März 1997. Danach waren 1996 im Vergleich zum Vorjahr nur in 71,1 % statt 74,3 % (1995) der Scheidungen minderjährige Kinder betroffen, doch zugleich stieg die Gesamtzahl der „Scheidungswaisen" um 9,0 % an. Im Freistaat Thüringen lag die Steigerung sogar bei 9,2 %; Pressemitteilung Thüringer Landesamt für Statistik 97/97 vom 4. Juni 1997.

wicklung in den neuen Bundesländer ist in den neunziger Jahren der oben bereits skizzierte Trend zu beobachten, wobei gleichfalls Ehen mit drei und vier Kindern immer häufiger geschieden wurden. So verdoppelte sich zwischen 1991-1996 die Zahl der Scheidungen, während die Zahl der von der Eheauflösung betroffenen Kinder sich hingegen vervierfachte.[62]

Tabelle 29: Von der Ehescheidung betroffene Kinder, Brandenburg
1991-1996

Branden-burg Jahr	ohne Kinder absolut	mit Kindern absolut	davon Ehescheidungen mit			
			einem Kind	zwei Kindern	drei Kindern	vier und mehr K.
1991	663	951	554	330	55	12
1992	568	1.119	666	395	42	16
1993	1.042	2.299	1.346	795	127	31
1994	1.147	2.704	1.608	920	140	36
1995	1.173	2.776	1.613	963	144	56
1996	1.168	2.848	1.701	982	127	38
1991-96	5.761	12.697	7.488	4.385	635	189
in %	31,2	68,8	59,0	34,5	5,0	1,5

Eine geographische Differenzierung der Scheidungsfamilien mit fünf und mehr Kindern zeigt eine deutliche Verteilung zwischen den fünf neuen Bundesländern.[63] Während in den Jahren 1991-1996 in Sachsen lediglich 105 Kinder in derart kinderreichen Familien leben, sind es in Sachsen-Anhalt mit 268 Kindern mehr als doppelt soviele.[64] Angesichts der deutlichen Bevölkerungsdifferenz ist der Anteil Mecklenburg-Vorpommerns mit 112 Kinder überdurchschnittlich hoch. In Brandenburg sind es 237 und in Thüringen lediglich 66 Kinder, die in

---

62 In den neuen Bundesländern waren je 100 geschiedene Ehen 104 Kinder von der Eheauflösung der Eltern davon betroffen, in den alten Ländern hingegen nur 82; Pressemitteilung, Statistisches Bundesamt vom 24. Juli 1997.

63 Zur regionalen Differenzierung siehe Nauck, Differenzierung, S. 166 ff. u. S. 185 ff.

64 In Sachsen-Anhalt 1995 darunter je eine Scheidung mit sieben und eine mit neun Kindern.

Familien mit fünf oder sechs Nachkommen leben. Dieser Befund wird durch andere Untersuchungen zur Familiensituation in den Regionen Deutschlands bestätigt.[65]

Tabelle 30: Von der Ehescheidung betroffene Kinder, Mecklenburg-Vorpommern 1991-1996

Mecklen-burg-V. Jahr	ohne Kinder absolut	mit Kindern absolut	davon Ehescheidungen mit			
			einem Kind	zwei Kindern	drei Kindern	vier und mehr K.
1991	404	776	427	289	46	14
1992	345	911	485	351	57	18
1993	554	1.572	886	569	92	25
1994	652	1.888	1.023	709	118	38
1995	805	2.323	1.257	878	150	38
1996	1.040	2.555	1.407	938	170	40
1991-96	3.800	10.025	5.485	3.734	633	173
in %	27,5	72,5	54,7	37,2	6,3	1,7

Tabelle 31: Von der Ehescheidung betroffene Kinder, Sachsen 1991-1996

Sachsen Jahr	ohne Kinder absolut	mit Kindern absolut	davon Ehescheidungen mit			
			einem Kind	zwei Kindern	drei Kindern	vier und mehr K.
1991	1.136	1.058	652	353	43	10
1992	812	1.198	772	381	39	6
1993	1.597	3.519	2.135	1.160	180	44
1994	1.971	4.548	2.742	1.505	210	91
1995	2.184	4.859	2.860	1.656	263	80
1996	2.541	5.213	3.032	1.817	280	84
1991-96	10.241	20.395	12.193	6.872	1.015	315
in %	33,4	66,6	59,8	33,7	5,0	1,5

---

65 Siehe die Kontrastgruppenanalyse in Bertram, Vielfalt, S. 162 f..

Betrachtet man den Sechsjahreszeitraum 1991-1996 regional differenziert, gibt es weitere bemerkenswerte Unterschiede. Signifikant am häufigsten von der Eheauflösung ihrer Eltern betroffen sind Kinder in Mecklenburg-Vorpommern (72,5 %), in Sachsen-Anhalt (69,9 %) und Thüringen (69,7 %). Nicht nur, daß in den drei Bundesländern in über zwei Drittel aller Scheidungen der gemeinsame Nachwuchs davon betroffen ist, die Situation wurde noch dadurch verschärft, daß Mecklenburg-Vorpommern gleichfalls die prozentual höchsten Anteile von gescheiterten Ehen mit drei bzw. mit vier und mehr Kindern (1,7 %) verzeichnet. Prozentual gesehen, ist in Sachsen der Nachwuchs von einer Trennung der Eltern am wenigsten (66,6 %) betroffen.

Tabelle 32: Von der Ehescheidung betroffene Kinder, Sachsen-Anhalt 1991-1996

Sachsen-Anhalt Jahr	ohne Kinder absolut	mit Kindern absolut	davon Ehescheidungen mit			
			einem Kind	zwei Kindern	drei Kindern	vier und mehr K.
1991	566	953	593	305	39	16
1992	635	1.282	820	387	57	18
1993	1.130	2.912	1.778	950	143	41
1994	1.258	3.029	1.864	967	164	34
1995	1.130	2.737	1.651	902	138	46
1996	1.027	2.405	1.504	743	126	32
1991-96	5.746	13.318	8.210	4.254	667	187
in %	30,1	69,9	61,6	31,9	5,0	1,4

Überdies liegt in Sachsen der Anteil der geschiedenen Ehen mit vier und mehr Kindern deutlich niedriger als in den anderen Bundesländern (ausgenommen Thüringen). Während in Mecklenburg-Vorpommern lediglich in 54,7 % der Eheauflösungen nur ein leibliches Kind betroffen ist, liegt der Anteil der gescheiterten Ein-Kind-Ehen in den Freistaaten Thüringen (61,9 %) und Sachsen (61,6 %) ungleich höher. Neben dem Urbanisierungsgrad, der beim Strukturwandel von

Ehe und Familie eine wichtige Vorreiterfunktion einnimmt,[66] ist dies erklärbar durch die in ländlichen Regionen grundsätzlich positivere Einstellungen zu Kindern,[67] so daß bei einem Scheitern einer Verbindung auch häufiger Kinder davon betroffen sind. Für Sachsen-Anhalt kam zusätzlich der schwierige Transformationsprozeß in den industriellen Zentren rund um Halle und Bitterfeld als starke Belastung hinzu. Am niedrigsten liegt der Anteil der geschiedenen Ehen mit vier und mehr Kindern in Thüringen, das diesbezüglich den geringsten Wert (1,2 %) aller neuen Bundesländer aufweist. Andererseits kam es hier jedoch zu den meisten Eheauflösungen mit nur einem Kind.

Tabelle 33: Von der Ehescheidung betroffene Kinder, Thüringen
1991-1996

| Thüringen | ohne | mit | davon Ehescheidungen mit | | | |
| | Kinder | Kindern | einem | zwei | drei | vier und |
Jahr	absolut	absolut	Kind	Kindern	Kindern	mehr K.
1991	630	993	633	309	39	12
1992	761	1.472	947	443	65	17
1993	773	1.870	1.115	647	88	20
1994	1.032	2.763	1.728	887	119	29
1995	1.002	2.491	1.491	836	127	37
1996	1.181	2.774	1.734	853	155	32
1991-96	5.379	12.363	7.648	3.975	593	147
in %	30,3	69,7	61,9	32,2	4,8	1,2

Insgesamt bleibt festzuhalten, daß in den vergangenen Jahren die Scheidungsraten in den fünf neuen Ländern wieder stark angestiegen sind, ohne jedoch bislang den Höchststand der ehemaligen DDR aus dem Jahre 1989 zu erreichen. Darüber hinaus paßten sich die Menschen in den neuen Bundesländern in ihrem Institutionenvertrauen[68]

---

66 Hartmann, S. 92; Nauck, Differenzierung, S. 199.
67 Bertram, Vielfalt, S. 187.
68 Gabriel, S. 9 ff.

und ihrem Werteverhalten,[69] auch aus sozio-ökonomischen Gründen,[70] anscheinend dem Familienbild der alten Bundesländer rasch an,[71] ungeachtet aller damit verbundenen Nachteile.[72] Die fehlende bzw. (gegenüber dem Realsozialismus)[73] verringerte materielle und soziale Förderung der Familien bedingt gleichermaßen - neben dem nun verstärkt einsetzenden allgemeinen gesellschaftlichen Individualisierungsprozeß[74] - aufgrund sich verändernder Lebensstile, eine wieder steigende Scheidungstendenz in den fünf neuen Bundesländern; es sei hier nur auf die nun möglichen alternativen Lebens- und Wohnformen verwiesen. Zu berücksichtigen ist dabei, daß vor allem die „klassischen", das Scheidungsrisiko mindernden Faktoren,[75] wie religiöse Bindung oder Hausbesitz,[76] in der ehemaligen DDR weitgehend fehlen. Die unterschiedlichen kulturellen Elemente[77] sowie die Nachwirkungen der politisch-gesellschaftlichen Sozialisation aus 40 Jahren Sozialismus[78] prägten den veränderten Charakter der Institution Ehe, die in den neuen Bundesländern, durch den Wegfall institutioneller Zwänge aus DDR-Zeiten, immer weniger einen lebenslangen Bund als vielmehr eine temporäre Verbindung zweier Menschen darstellt.[79]

---

69 Siehe auch Kuhnke, S. 132-136.
70 Siehe ausführlich dazu Dathe, S. 71 ff.
71 Bertram, Selbstverwirklichung, S. 232 ff.
72 Siehe dazu Gensicke, S. 101 ff.
73 Ausführlich in Gerlach, S. 227 ff. u. S. 272 ff.
74 Siehe Höhn/Dorbritz, S. 156 ff.; Spellerberg, S. 232 f.
75 Schneider, S. 195.
76 In der DDR waren drei Viertel aller Haushalte Mieter, in der alten Bundesrepublik hingegen nur etwa die Hälfte; Neef/Schäfer, S. 50.
77 Nauck/Joos, S. 255 ff.
78 Siehe auch Gerlach, S. 319 f.
79 Schneider, S. 197; Höhn/Dorbritz, S. 156.

Graphikverzeichnis

Tabellenverzeichnis

Literatur

Archivalien, Statistiken

Ehescheidungen in der Deutschen Demokratischen Republik 1958 bis 1972. Zahlenübersichten. Hg.: Ministerrat der Deutschen Demokratischen Republik, Staatliche Zentralverwaltung für Statistik, Abteilung Bevölkerung-Arbeitskräfte-Bildung. Berlin (Ost) März 1974 (Bundesarchiv Berlin-Lichterfelde, Best. DDR-Justizministerium, DP-1, Nr. 2449).

Ergebnisse der Ehescheidungsstatistik für das Jahr 1973. Hg.: Ministerrat der Deutschen Demokratischen Republik, Staatliche Zentralverwaltung für Statistik, Abteilung Bevölkerung-Arbeitskräfte-Bildung. Berlin (Ost) August 1974 [Statistisches Bundesamt, Außenstelle Berlin: Archivzugangs-Nr. 250412].

Ergebnisse der Ehescheidungsstatistik für das Jahr 1974. Hg.: Ministerrat der Deutschen Demokratischen Republik, Staatliche Zentralverwaltung für Statistik, Abteilung Bevölkerung-Arbeitskräfte-Bildung. Berlin (Ost) Juli 1975 [Statistisches Bundesamt, Außenstelle Berlin: Archivzugangs-Nr. 12820].

Ergebnisse der Ehescheidungsstatistik für das Jahr 1975. Hg.: Ministerrat der Deutschen Demokratischen Republik, Staatliche Zentralverwaltung für Statistik. Berlin (Ost) Juli 1976 [Statistisches Bundesamt, Außenstelle Berlin: Archivzugangs-Nr. 13739].

Ergebnisse der Ehescheidungsstatistik für das Jahr 1976. Hg.: Ministerrat der Deutschen Demokratischen Republik, Staatliche Zentralverwaltung für Statistik, Abteilung Bevölkerung-Arbeitskräfte-Bildung. Berlin (Ost) Juli 1977 [Statistisches Bundesamt, Außenstelle Berlin: Archivzugangs-Nr. 14626].

Ergebnisse der Ehescheidungsstatistik für das Jahr 1977. Hg.: Ministerrat der Deutschen Demokratischen Republik, Staatliche Zentralverwaltung für Statistik, Abteilung Bevölkerung-Arbeitskräfte-Bildung. Berlin (Ost) Juli 1978 [Statistisches Bundesamt, Außenstelle Berlin: Archivzugangs-Nr. 15572].

Ergebnisse der Ehescheidungsstatistik für das Jahr 1978. Hg.: Ministerrat der Deutschen Demokratischen Republik, Staatliche Zentralverwaltung für Statistik, Abteilung Bevölkerung-Arbeitskräfte-Bildung. Berlin (Ost) Juli 1979 [Statistisches Bundesamt, Außenstelle Berlin: Archivzugangs-Nr. 16572].

Ergebnisse der Ehescheidungsstatistik für das Jahr 1979. Hg.: Ministerrat der Deutschen Demokratischen Republik, Staatliche Zentralverwaltung für Statistik, Abteilung Bevölkerung-Arbeitskräfte-Bildung. Berlin (Ost) Juli 1980 [Statistisches Bundesamt, Außenstelle Berlin: Archivzugangs-Nr. 17527].

Ergebnisse der Ehescheidungsstatistik für das Jahr 1980. Hg.: Ministerrat der Deutschen Demokratischen Republik, Staatliche Zentralverwaltung für Statistik, Abteilung Bevölkerung-Arbeitskräfte-Bildung. Berlin (Ost) April 1981 [Statistisches Bundesamt, Außenstelle Berlin: Archivzugangs-Nr. 000421].

Ergebnisse der Ehescheidungsstatistik für das Jahr 1981. Hg.: Ministerrat der Deutschen Demokratischen Republik, Staatliche Zentralverwaltung für Statistik, Abteilung Bevölkerung-Arbeitskräfte-Bildung. Berlin (Ost) April 1982 [Statistisches Bundesamt, Außenstelle Berlin: Archivzugangs-Nr. 001967].

Ergebnisse der Ehescheidungsstatistik für das Jahr 1982. Hg.: Ministerrat der Deutschen Demokratischen Republik, Staatliche Zentralverwaltung für Statistik, Abteilung Bevölkerung-Arbeitskräfte-Bildung. Berlin (Ost) April 1983 [Statistisches Bundesamt, Außenstelle Berlin: Archivzugangs-Nr. 003374].

Ergebnisse der Ehescheidungsstatistik für das Jahr 1983. Hg.: Ministerrat der Deutschen Demokratischen Republik, Staatliche Zentralverwaltung für Statistik, Abteilung Bevölkerung-Arbeitskräfte-Bildung. Berlin (Ost) April 1984 [Statistisches Bundesamt, Außenstelle Berlin: Archivzugangs-Nr. 005823].

Ergebnisse der Ehescheidungsstatistik für das Jahr 1984. Hg.: Ministerrat der Deutschen Demokratischen Republik, Staatliche Zentralverwaltung für Statistik, Abteilung Bevölkerung-Arbeitskräfte-Bildung. Berlin (Ost) April 1985 [Statistisches Bundesamt, Außenstelle Berlin: Archivzugangs-Nr. 006817].

Ergebnisse der Ehescheidungsstatistik für das Jahr 1985. Hg.: Ministerrat der Deutschen Demokratischen Republik, Staatliche Zentralverwaltung für Statistik, Abteilung Bevölkerung-Arbeitskräfte-Bildung. Berlin (Ost) April 1986 [Statistisches Bundesamt, Außenstelle Berlin: Archivzugangs-Nr. 007942].

Ergebnisse der Ehescheidungsstatistik für das Jahr 1986. Hg.: Ministerrat der Deutschen Demokratischen Republik, Staatliche Zentralverwaltung für Statistik, Abteilung Bevölkerung-Arbeitskräfte-Bildung. Berlin (Ost) April 1987 [Statistisches Bundesamt, Außenstelle Berlin: Archivzugangs-Nr. 009587].

Ergebnisse der Ehescheidungsstatistik für das Jahr 1987. Hg.: Ministerrat der Deutschen Demokratischen Republik, Staatliche Zentralverwaltung für Statistik, Abteilung Bevölkerung-Arbeitskräfte-Bildung. Berlin (Ost) April 1988 [Statistisches Bundesamt, Außenstelle Berlin: Archivzugangs-Nr. 011739].

Ergebnisse der Ehescheidungsstatistik für das Jahr 1988. Hg.: Ministerrat der Deutschen Demokratischen Republik, Staatliche Zentralverwaltung für Statistik, Abteilung Bevölkerung-Arbeitskräfte-Bildung. Berlin (Ost) April 1989 [Statistisches Bundesamt, Außenstelle Berlin: Archivzugangs-Nr. 012756].

Ergebnisse der Ehescheidungsstatistik für das Jahr 1989. Hg.: Ministerrat der Deutschen Demokratischen Republik, Staatliche Zentralverwaltung für Statistik, Abteilung Bevölkerung-Arbeitskräfte-Bildung. Berlin (Ost) Mai 1990 [Statistisches Bundesamt, Außenstelle Berlin: Archivzugangs-Nr. 014047].

*Stat*istisches *J*ahr*b*uch *der Deutschen Demokratischen Republik*. Hrsg. von der Staatlichen Zentralverwaltung für Statistik, 1 Jg. ff. (1955 ff.) Berlin (Ost) 1955 ff.

Statistisches Jahrbuch Brandenburg, 1. Jg. ff. (1991 ff.). Hrsg. vom Landesamt für Datenverarbeitung und Statistik Brandenburg. Potsdam 1992 ff.

Statistisches Jahrbuch Mecklenburg-Vorpommern 1. Jg. ff. (1991 ff.). Hrsg. vom Statistischen Landesamt Mecklenburg-Vorpommern. Schwerin 1992 ff.

Statistisches Jahrbuch Sachsen, 1. Jg. ff. (1992 ff.). Hrsg. vom Statistischen Landesamt des Freistaates Sachsen. Kamenz 1993 ff.

Statistisches Jahrbuch Sachsen-Anhalt, 1. Jg. ff. (1991 ff.). Hrsg. vom Statistischen Landesamt Sachsen-Anhalt. Halle/S. 1991 ff.

Statistisches Jahrbuch Thüringen, 1. Jg. ff. (1993 ff.). Hrsg. vom Thüringer Landesamt für Statistik. Erfurt 1993 ff.

Landesamt für Datenverarbeitung und Statistik Brandenburg (Hg.): Statistische Berichte. Gerichtliche Ehelösungen im Land Brandenburg 1991 ff. Potsdam 1992 ff.

Statistisches Landesamt Sachsen-Anhalt (Hg.): Statistische Berichte. Gerichtliche Ehelösungen 1991 bis 1995 Land Sachsen-Anhalt. Halle/S. Juli 1996.

Statistisches Landesamt Mecklenburg-Vorpommern (Hg.): Statistische Berichte. Gerichtliche Ehelösungen in Mecklenburg-Vorpommern 1991 ff. Schwerin 1992 ff.

Thüringer Landesamt für Statistik (Hg.): Statistischer Bericht. Die natürliche Bevölkerungsbewegung in Thüringen 1991 ff. Erfurt 1993 ff.

Dissertationen, Monographien

Ansorg, Linda: Die *Rolle* der sozialistischen Brigaden bei der Herausbildung der sozialistischen Familienmoral und die sich daraus ergebenden Aufgaben des Familienrechts. Diss. Humboldt-Univ. Berlin (Ost) 1962.

Aresin, Lykke: *Eheprobleme*. (Kleine Gesundheitsbücherei, H. 70). Berlin (Ost) 1964, 2. Aufl.

Bamberger, Günter G.: Gestörte Ehen und ihr soziologischer Kontext. (Familie in der Diskussion, Bd. 6). Kevelaer 1974.

Bathke, Gustav-Wilhelm: Jugend und Hochschule/Universität. In: Walter Friedrich/ Hartmut Griese (Hg.): Jugend und Jugendforschung in der DDR. Gesellschaftspolitische Situationen, Sozialisation und Mentalitätsentwicklung in den achtziger Jahren. Opladen 1991, S. 75-90.

Bertram, Barbara: *Leistung* und Lebensweise junger Frauen. Hauptforschungsbericht zur Studie: „Leistung und Lebensweise junger Frauen. Hg.: Zentralinstitut für Jugendforschung. Leipzig, April 1986 [Vertrauliche Dienstsache].

Bethlehem, Siegfried: Heimatvertreibung, DDR-Flucht, Gastarbeiterzuwanderung, Wanderungsströme und Wanderungspolitik in der Bundesrepublik Deutschland. Stuttgart 1982.

Blasius, Dirk: Ehescheidung in Deutschland im 19. und 20. Jahrhundert. Frankfurt/M. 1992, durchges. Ausgabe.

Bleek, Wilhelm/*Mertens*, Lothar: DDR-Dissertationen. Promotionspraxis und Geheimhaltung von Doktorarbeiten im SED-Staat. Opladen 1994.

Böhme, Irene: Die da drüben. Sieben Kapitel DDR. Berlin (West) 1983.

Bohndorf, Dieter: Die Jugendkriminalität 1980 im Vergleich zu 1970 in einem industriellen Ballungsgebiet der DDR: Beitrag zur Weiterentwicklung der ursachentheoretischen Konzeption und der empirischen Forschung der Kriminologie in der DDR unter besonderer Berücksichtigung kriminalistischer Probleme. Diss. B Humboldt-Univ. Berlin (Ost) 1983.

Brauer, Peter: Entwicklung der Ehe- und Sexualberatung der Deutschen Demokratischen Republik aus historischer Sicht. Diss. A Akademie für Ärztliche Fortbildung, Berlin (Ost) 1981.

Brecht, Bertolt: Die Lösung. In: Ders.: Gesammelte Werke, Bd. 10. Frankfurt/M. 1967, S. 1009-1010.

Brentzel, Marianne: Die Machtfrau. Hilde Benjamin 1902-1989. Berlin 1997.

Bronnen, Barbara/*Henny*, Franz: Liebe, Ehe, Sexualität in der DDR. Interviews und Dokumente. München 1975.

DDR-Jugend. Ein statistisches Handbuch. Hrsg. von Edeltraud Schulze unter Mitarbeit von Gert Noack. Berlin 1995.

Diemer, Susanne: Patriarchalismus in der DDR. Strukturelle, kulturelle und subjektive Dimensionen der Geschlechterpolarisierung. Opladen 1994.

Familienleben in der DDR. Zum Alltag von Familien mit Kindern. Hrsg. von Jutta Gysi. Berlin (Ost) 1989.

Das *Familienrecht der DDR*. Kommentar zum Familiengesetzbuch der DDR vom 20.12.1965 und zum Einführungsgesetz zum Familiengesetzbuch der DDR vom 20.12.1965. Berlin (Ost) 1970.

Feth, Andrea: Hilde Benjamin. Eine Biographie. Berlin 1997.

Fischer, Andreas/*Henschel*, Klaus: Für oder wider das dritte Kind. Sozialmedizinische Untersuchungen zu Fragen des Kinderwunsches unter besonderer Berücksichtigung der familiären und beruflichen Situation. Diss. A Wilhelm-Pieck-Universität Rostock 1987.

Frauenreport'90. Hrsg. von Gunnar Winkler. Berlin (Ost) 1990.

Freiburg, Arnold/*Mahrad*, Christa: FDJ. Der sozialistische Jugendverband der DDR. Opladen 1982.

Gacek, Heidi: Die Aufgaben des Gerichts bei der Erziehungsrechtsregelung im Eheverfahren. Diss. A Humboldt-Universität Berlin (Ost) 1984.

Gerlach, Irene: Familie und staatliches Handeln. Ideologie und politische Praxis in Deutschland. Opladen 1996.

Giesecke, Dorothea: Erwerbsverhalten, Scheidungsrisiko und Wohlfahrtsniveau von Frauen. Diss. Univ. Hannover 1987.

117

Grandke, Anita: *Familienförderung* als gesellschaftliche und staatliche Aufgabe. Berlin (Ost) 1986, 2. überarb. Aufl.

Grutza, Hans-Günther: *Gedanken* zur Stabilität von Ehe und Familie in der sozialistischen Gesellschaft und über die Aufgaben des Gerichts im Eheverfahren (dargestellt aus der Sicht wiederholter Ehescheidungen). Diss. A Humboldt-Universität Berlin (Ost) 1978.

Halgasch, Richard: Ehe und *Ehescheidung*. Ein Beitrag zur Theorie des Eherechts. Habil.-Schrift Friedrich-Schiller Universität Jena 1965.

Händler, Ellen: Zu philosophischen Problemen der Vorbereitung Jugendlicher auf die Partnerschaft in Ehe und Familie. Diss. A Humboldt-Universität Berlin 1975.

Harnisch, Marga: Die Ursachen für die Scheidung junger Ehen. Diss. A Humboldt-Universität Berlin (Ost) 1971.

Hartmann, Peter H.: Warum dauern Ehen nicht ewig? Eine Untersuchung zum Scheidungsrisiko und seinen Ursachen. Opladen 1989.

Helms, Rudolf: Soziologische Aspekte instabiler Ehen. Eine Studie über Ehescheidungsverfahren des Kreisgerichts Rostock-Stadt in der Zeit von 1955 bis 1966. Diss. A Wilhelm-Pieck-Universität Rostock 1971 [Vertrauliche Dienstsache bis 1982].

Helwig, Gisela: *Frau* und Familie in beiden deutschen Staaten. Köln 1982.

Helwig, Gisela: Frau und *Familie*. Bundesrepublik Deutschland DDR. Köln 1987, 2. völlig überarb. Aufl.

Helwig, Gisela: *Jugend* und Familie in der DDR. Leitbild und Alltag im Widerspruch. Köln 1984.

Herzer, Manfred: Ehescheidung als sozialer Prozeß. Opladen 1998.

Hille, Barbara: Familie und Sozialisation in der DDR. Opladen 1985.

Hinze, Lieselotte: Zum Einfluß der Berufstätigkeit und der soziofamiliären Bedingungen auf die Gesundheit der Frau. Eine sozialmedizinische Studie. Diss. B Medizinische Akademie Magdeburg 1979.

Honecker, Erich: *Bericht* des Zentralkomitees der Sozialistischen Einheitspartei Deutschlands an den XI. Parteitag der SED. Berlin (Ost) 1986.

Kabat vel Job, Otmar: Zur Bedeutung der *Arbeitsteilung* von Mann und Frau bei häuslichen Arbeiten für die Ehegestaltung in jungen Ehen. Spezieller Bericht der Untersuchung „Lebensgestaltung junger Ehen". Hg.: Zentralinstitut für Jugendforschung. Leipzig, November 1974 [Vertrauliche Verschlußsache].

Kaufmann, Franz-Xaver: Zukunft der *Familie*. Stabilität, Stabilitätsrisiken und Wandel der familialen Lebensformen sowie ihre gesellschaftlichen und politischen Bedingungen. München 1990.

Klimesch, Friederike: Zu einigen Schwerpunkterscheinungen der Kriminalität in den städtischen Wohngebieten und zu den vorbeugenden Wirkungsmöglichkeiten der Wohnbezirksausschüsse der Nationalen Front der DDR, der Aktive "Ordnung und Sicherheit" bei den Wohnbezirksausschüssen sowie der Hausgemeinschaften und ihrer Leitungen: Diss. A Akademie für Staats- und Rechtswissenschaften der DDR, Potsdam 1982.

Klose, Bernhard: Ehescheidung und Ehescheidungsrecht in der DDR - ein ostdeutscher Sonderweg? (Nomos Universitätsschriften Recht, Bd. 201). Baden-Baden 1996.

Kopp, Johannes: Scheidung in der Bundesrepublik. Zur Erklärung des langfristigen Anstiegs der Scheidungsraten. Wiesbaden 1994.

Künzel, Renate: Scheidungsrecht und Scheidungshäufigkeit im internationalen Vergleich. (Materialien zur Rechtssoziologie. Hrsg. im Arbeitskreis für Rechtssoziologie e.V.). Hannover 1975.

Kuhn, Rolf: Lösung der Wohnungsfrage als soziales Problem in ihrem Einfluß auf Lebensweise und Stadtgestaltung. Diss. B Akademie für Gesellschaftswissenschaften beim ZK der SED, Berlin (Ost) 1985.

Mampel, Siegfried: Die sozialistische Verfassung der Deutschen Demokratischen Republik. Kommentar. Frankfurt/M. 1982, 2. völlig neubearb. u. erw. Aufl.

Mertens, Lothar: Vernachlässigte *Töchter* der Alma mater. Ein sozialhistorischer und bildungssoziologischer Beitrag zur strukturellen Entwicklung des Frauenstudiums in Deutschland seit der Jahrhundertwende. Berlin 1991.

Nave-Herz, Rosemarie: *Familie* heute. Wandel der Familienstrukturen und Folgen für die Erziehung. Darmstadt 1994.

Nave-Herz, Rosemarie et al.: Scheidungsursachen im Wandel. Eine zeitgeschichtliche Analyse des Anstiegs der Ehescheidungen in der Bundesrepublik Deutschland. (Theorie und Praxis der Frauenforschung, Bd. 14). Bielefeld 1990.

Obertreis, Gesine: Familienpolitik in der DDR 1945-1980. Opladen 1986.

Peuckert, Rüdiger: Familienformen im sozialen Wandel. Opladen 1996, 2. völlig überarb. u. erw. Aufl.

Polte, Wolfgang *et al.*: Unsere Ehe. Leipzig 1988.

Richter, Jürgen: Zur effektiven Gestaltung des Ehescheidungsverfahrens. Diss. A Humboldt-Universität Berlin (Ost) 1988.

Rüstow, Monika: Determinanten der Zufriedenheit in der Partnerschaft. Diss. A Friedrich-Schiller-Universität Jena 1989.

Runge, Irene: Ganz in Familie. Gedanken zu einem vieldiskutierten Thema. Berlin (Ost) 1985.

Schneider, Norbert F.: Familie und private Lebensführung in West- und Ostdeutschland. Eine vergleichende Analyse des Familienlebens 1970-1992. (Soziologische Gegenwartsfragen, Nr. 55). Stuttgart 1994.

Schröder, Antonius [Projektbearbeiter]: Haushalt und Familie in den neuen Bundesländern. Ergebnisse einer Längsschnittuntersuchung (1990-1993). Hg.: Forschungsstelle für Empirische Sozialökonomik. (Stiftung Der private Haushalt, Bd. 21). Frankfurt/M.-New York 1994.

Schubert, Friedel: Die Frau in der DDR. Ideologie und konzeptionelle Ausgestaltung ihrer Stellung in Beruf und Familie. Opladen 1980.

Seifert, Wolfgang: Die Auseinandersetzung über das Vermögen bei Ehescheidung. Diss. Karl-Marx-Universität Leipzig 1966.

Sozialreport'90. Daten und Fakten zur sozialen Lage in der DDR. Hrsg. von Gunnar Winkler. Berlin (Ost) 1990.

Thieme, Eva-Maria: Sozialmedizinische Studie zu Problemen der Partnerbeziehungen und Fragen des Sexualverhaltens bei 35-55jährigen Frauen und Männern. Diss. A Humboldt-Universität Berlin (Ost) 1986.

Trappe, Heike: Emanzipation oder Zwang? Frauen in der DDR zwischen Beruf, Familie und Sozialpolitik. Berlin 1995.

Ullmann, Arndt: Leistungsstimulierung, Arbeitsverhalten und Lebensweise im Sozialismus. Soziologische Studien und Untersuchungen. Diss. B Technische Universität Dresden 1977.

Voigt, Dieter: *Montagearbeiter* in der DDR. Eine empirische Untersuchung über Industrie-Bauarbeiter in den volkseigenen Großbetrieben. Darmstadt-Neuwied 1973.

Voigt, Dieter: *Schichtarbeit* und Sozialsystem. Zur Darstellung, Entwicklung und Bewertung der Arbeitszeitorganisation in der Bundesrepublik Deutschland und der DDR. (Beiträge zur Deutschlandforschung, Bd. 2). Bochum 1986.

Voigt, Dieter: *Soziologie* des Sports - Sportsoziologie. Ein Lehrbuch. Frankfurt/M. 1991.

Voigt, Dieter/*Voß*, Werner/*Meck*, Sabine: Sozialstruktur der DDR. Eine Einführung. Darmstadt 1987.

Wagner, Michael: Scheidung in Ost- und Westdeutschland. Zum Verhältnis von Ehestabilität und Sozialstruktur seit den 30er Jahren. Frankfurt/M.-New York 1997.

Wander, Maxie: „Guten Morge, du Schöne". Frauen in der DDR. Protokolle. Darmstadt-Neuwied 1979.

Werner, Dagmar: Stellung und Aufgaben des Rechtsanwalts im Eheverfahren der DDR. Diss. A Humboldt-Universität Berlin (Ost) 1978.

Winkel, Ilsemarie: Studie zur Untersuchung der begünstigenden Bedingungen und Ursachen von Ehekonflikten, dargestellt an Untreuefällen. Diss. A Friedrich-Schiller-Universität Jena 1971.

Zimmermann, Kay: Wohnung und Wohnen im fluchtrelevanten Erleben bei Migranten aus der DDR 1989 und 1990. Eine empirische Untersuchung von Unzufriedenheits-Indices unter besonderer Berücksichtigung der Wohnungsbaupolitik der SED. Diss. Univ. Bayreuth 1994.

Aufsätze, Zeitschriftenartikel

Ansorg, Linda: Zur *Erforschung* der Ursachen und begünstigenden Bedingungen für Ehekonflikte. In: Neue Justiz, 19. Jg. (1965), H. 10, Berlin (Ost), S. 319-322.

Aresin, Lykke: Ehe- und Sexualberatungsstellen und *Familienplanung* in der DDR. In: Sexuologie in der DDR. Hrsg. von Joachim S. Hohmann. Berlin 1991, S. 72-94.

Aresin, L[ykke]: Sexologische *Probleme* in jungen Ehen. In: Psychiatrie, Neurologie und medizinische Psychologie, 20. Jg. (1968), H. 1, Leipzig, S. 3-7.

Aresin, L[ykke]: Wie steht die Frau heute zur *Sexualität?* Erfahrungen aus der Ehe- und Sexualberatung. In: Das Deutsche Gesundheitswesen, 24. Jg. (1969), H. 2, Berlin (Ost), S. 90.

Aresin, Lykke: Was ist normal und was ist abnorm im *Sexualleben?* In: Neue Justiz, 24. Jg. (1970), H. 15, Berlin (Ost), S. 462-463.

Aresin, Lykke: Die Entwicklung der Partnerschaftsbeziehungen und ihre *Störungen.* In: Sexualität und Partnerschaft. Hrsg. von Hans Szewczyk. Berlin (Ost) 1982, S. 98-104.

Aresin, Lykke: Einige medizinische *Ursachen* für Ehekonflikte. Erfahrungen aus der Ehe- und Sexualberatung. In: Neue Justiz, 19. Jg. (1965), H. 10, Berlin (Ost), S. 322-323.

Aufgaben der Gerichte bei der Prüfung der Interessen minderjähriger Kinder im Eheverfahren. In: Neue Justiz, 27. Jg. (1973), H. 2, Berlin (Ost), S. 53-55.

Aufgaben der Gerichte in Eheverfahren mehrfach Geschiedener. In: Neue Justiz, 27. Jg. (1973), H. 11, Berlin (Ost), S. 327-328.

Aufgaben der Gerichte zur Erhaltung von Ehen im Interesse minderjähriger Kinder. In: Neue Justiz, 26. Jg. (1972), H. 23, Berlin (Ost), S. 710-715.

Aus der Praxis des Eheverfahrens. In: Der Schöffe, 4. Jg. (1957), H. 4, Berlin (Ost), S. 102-103.

Bach, Hans-Uwe/*Jung-Hammon,* Thomas/*Otto,* Manfred: Aktuelle Daten vom Arbeitsmarkt. Stand September 1997. Kennziffern und Zeitreihen nach Arbeitsamtbezirken und Bundesländern. Daten zur kurzfristigen Arbeitsmarktentwicklung insgesamt. Hg.: Institut für Arbeitsmarkt- und Berufsforschung. (IABwerkstattbericht Nr. 1.9, 15.9.1997). Nürnberg 1997.

Bast, Kerstin/*Ostner*, Ilona: Ehe und Familie in der Sozialpolitik der DDR und BRD - ein Vergleich. In: Winfried Schmähl (Hg.): Sozialpolitik im Prozeß der deutschen Vereinigung. Frankfurt/M.-New York 1992, S. 228-270.

Becher, Jürgen/*Lünser*, Horst: Zu einigen sozialökonomischen Aspekten der Wohnungsfrage. In: Staat und Recht, 25. Jg. (1976), H. 5, Berlin (Ost), S. 485-494.

Beck-Gernsheim, Elisabeth: Von der Liebe zur Beziehung? Veränderungen im Verhältnis von Mann und Frau in der individualisierten Gesellschaft. In: Die Moderne. Kontinuitäten und Zäsuren. Hrsg. von Johannes Berger. (Soziale Welt, Sonderband. 4). Göttingen 1986, S. 209-233.

Benjamin, Hilde: Einige *Aufgaben* der Rechtspflegeorgane auf dem Gebiet der staatlichen Jugendpolitik. In: Neue Justiz, 18. Jg. (1964), H. 13, Berlin (Ost), S. 389-394.

Benjamin, Hilde: Einige *Bemerkungen* zum Entwurf eines Familiengesetzbuches. In: Neue Justiz, 8. Jg. (1954), H. 12, Berlin (Ost), S. 349-353.

Benjamin, Hilde: Die *Ehe* als Versorgungsanstalt. In: Neue Justiz, 3. Jg. (1949), H. 9, Berlin (Ost), S. 209-210.

Benjamin, Hilde: Gesellschaftliche *Erziehung* und Aufgaben der Justizorgane. In: Einheit, 14. Jg. (1959), H. 4, Berlin (Ost), S. 526-536.

Benjamin, Hilde: Das Familiengesetzbuch - *Grundgesetz* der Familie. In: Neue Justiz, 20. Jg. (1966), H. 1, Berlin (Ost), S. 1-8.

Benjamin, Hilde: Die gesellschaftlichen *Grundlagen* und der Charakter des FGB-Entwurfs. In: Neue Justiz, 19. Jg. (1965), H. 8 , Berlin (Ost), S. 225-230.

Beratung des Plenums des Obersten Gerichts über bedeutsame familienrechtliche Probleme. In: Neue Justiz, 19. Jg. (1965), H. 10, Berlin (Ost), S. 312-315.

Berghoff, Hartmut: Zur Einflußnahme auf Ehekonflikte als Leitungsaufgabe im Betrieb. In: Arbeit und Arbeitsrecht, 27. Jg. (1972), H. 4, Berlin (Ost), S. 107-110.

Bertram, Barbara: Die *Wende*, die erwerbstätigen Frauen und die Familien in den neuen Bundesländern. In: Familie und Lebenslauf im gesellschaftlichen Umbruch. Hrsg. von Bernhard Nauck/Norbert F. Schneider/Angelika Tölke. Stuttgart 1994, S. 267-284.

Bertram, Hans: Regionale Vielfalt und *Lebensformen*. In: Familie im Brennpunkt von Wissenschaft und Forschung. Hrsg. von Bernhard Nauck/Corinna Onnen-Isemann. Rosemarie Nave-Herz zum 60. Geburtstag gewidmet. Neuwied-Kriftel-Berlin 1995, S. 123-147.

Bertram, Hans: *Selbstverwirklichung* im Beruf - Kinder und Ehe als Lebenssinn. In: Ders. (Hg.): Die Familie in den neuen Bundesländern. Stabilität und Wandel in der gesellschaftlichen Umbruchsituation. Opladen 1992, S. 215-237.

Bertram, Hans: Regionale *Vielfalt* und Lebensform. In: Ders. (Hg.): Das Individuum und seine Familie. Opladen 1995, S. 157-195.

Bertram, Hans/*Borrmann-Müller*, Renate: Individualisierung und Pluralisierung familialer Lebensformen. In: Aus Politik und Zeitgeschichte, B 13/88, 25. März 1988, Bonn, S. 14-23.

Beschluß des Plenums des Obersten Gerichts über die erzieherische Tätigkeit der Gerichte zur Erhaltung von Ehen. In: Neue Justiz, 19. Jg. (1965), H. 10, Berlin (Ost), S. 309-311.

Beyer, Karl-Heinz/*Neugaertner*, Hubert: Ursachen der Ehestreitigkeiten und Möglichkeiten zu ihrer Überwindung. In: Der Schöffe, 9. Jg. (1962), H. 10, Berlin (Ost), S. 348-352.

Bien, Walter: Einstellungen, Werte und familiale Ereignisse. In: Ders. (Hg.): Familie an der Schwelle zum neuen Jahrtausend. Wandel und Entwicklung familialer Lebensformen. Opladen 1996, S. 253-269.

Bittighöfer, Bernd: Sozialistische Geschlechtsmoral und Erziehung der jungen Generation zu sittlich wertvoller Partnerschaft. In: Pädagogik, 20. Jg. (1965), H. 9, Berlin (Ost), S. 791-800.

Böttcher, Hans R.: Die Bedeutung von Übereinstimmungen und Diskrepanzen in der Ehe. In: Manfred Vorweg (Hg.): Die Struktur des Kollektivs in sozialpsychologischer Sicht. Berlin (Ost) 1970, S. 184-191.

Brandt, Karl-Heinz/*Wülfing*, Hans-Walter: Probleme der staatlichen Leitung und Planung der Versorgung der Bevölkerung mit hauswirtschaftlichen Dienstleistungen und Reparaturen an technischen Konsumgütern. In: Staat und Recht, 21. Jg. (1972), H. 10/11, Berlin (Ost), S. 1616-1629.

Bruhm-Schlegel, Uta/*Reißig*, Monika: Junge Mädchen und ihre Sexualität. In: Uta Bruhm-Schlegel/Otmar Kabat vel Job: Junge Frauen heute. Wie sie sind - was sie wollen. Leipzig 1981, 2. erg. Aufl., S. 67-78.

Dathe, Dietmar: Zur Einkommenslage ausgewählter Haushaltstypen in den neuen Bundesländern. In: Sozialer und demographischer Wandel in den neuen Bundesländern. Hrsg. von Hans Bertram/Stefan Hradil/Gerhard Kleinhenz. Berlin 1995, S. 71-100.

Diekmann, Andreas/*Engelhardt*, Henriette: Die soziale Vererbung des Scheidungsrisikos. Eine empirische Untersuchung der Transmissionshypothese mit dem deutschen Familiensurvey. In: Zeitschrift für Soziologie, 24. Jg. (1995), H. 3, Stuttgart, S. 215-228.

Diekmann, Andreas/*Klein*, Thomas: Bestimmungsgründe des Ehescheidungsrisikos. Eine empirische Untersuchung mit den Daten des sozioökonomischen Panels. In: Kölner Zeitschrift für Soziologie, 43. Jg. (1991), H. 2, Opladen, S. 271-290.

Dierl, Wolfhilde: Erfahrungen aus der Ehe- und Familienberatung. In: Neue Justiz, 19. Jg. (1965), H. 10, Berlin (Ost), S. 323-324.

Diewald, Martin: Informelle Beziehungen und Hilfeleistungen in der DDR. Persönliche Bindung und instrumentelle Nützlichkeit. In: Familie und Lebenslauf im gesellschaftlichen Umbruch. Hrsg. von Bernhard Nauck/Norbert F. Schneider/ Angelika Tölke. Stuttgart 1994, S. 56-75.

Diewald, Martin et al.: Umbrüche und Kontinuitäten. Lebensverläufe und die Veränderung von Lebensbedingungen seit 1989. In: Johannes Huinink et al.: Kollektiv und Eigensinn. Lebensverläufe in der DDR und danach. Berlin 1995, S. 307-348.

Dölling, Irene: Gespaltenes Bewußtsein - Frauen- und Männerleitbilder in der DDR. In: Gisela Helwig/Hildegard Maria Nickel (Hg.): Frauen in Deutschland 1945-1992. Berlin 1993, S. 23-52.

Dorbritz, Jürgen: Nuptialität, Fertilität und familiale Lebensformen in der sozialen Transformation - Übergang zu einer neuen Bevölkerungsweise in Ostdeutschland? In: Zeitschrift für Bevölkerungswissenschaft, 18. Jg. (1992), H. 2, Boppard, S. 167-196.

Dunskus, Petra et al.: Zur Verwirklichung des Rechts auf Arbeit für die Frauen. In: Wie emanzipiert sind die Frauen in der DDR? Beruf-Bildung-Familie. Hrsg. von Herta Kuhrig/Wulfram Speigner. Köln 1979, S. 86-144.

Eberhardt, Karl-Heinz: *Änderung* des Familiengesetzbuchs der DDR. In: Neue Justiz, 44. Jg. (1990), H. 9, Berlin (Ost), S. 401-405.

Eberhardt, Karl-Heinz: Die einstweilige *Anordnung* über den Unterhalt. In: Neue Justiz, 36. Jg. (1982), H. 1, Berlin (Ost), S. 18-20.

Eberhardt, Karl-Heinz: Zur *Beweisaufnahme* im Eheverfahren. In: Neue Justiz, 24. Jg. (1970), H. 15, Berlin (Ost), S. 455-456.

Eberhardt, Karl-Heinz: Zu einigen Ergebnissen der *Diskussion* über den FGB-Entwurf. In: Neue Justiz, 20. Jg. (1966), H. 1, Berlin (Ost), S. 8-11.

Eberhardt, Karl-Heinz: Zur gerichtlichen *Entscheidung* über das Erziehungsrecht. In: Neue Justiz, 20. Jg. (1966), H. 18, Berlin (Ost), S. 551-552.

Eberhardt, Karl-Heinz: *Gedanken* zum 20. Jahrstag des FGB. In: Neue Justiz, 40. Jg. (1986), H. 4, Berlin (Ost), S. 137-139.

Eberhardt, Karl-Heinz/*Weise*, Wolfgang: Entwicklungstendenzen und Faktoren der Ehelösungen. In: Neue Justiz, 22. Jg. (1968), H. 3, Berlin (Ost), S. 76-85.

Eggers-Lorenz, Ottegebe: Zur Frage des Widerspruchs nach § 48 EheG bei leichtfertigem Verhalten zur Ehe. In: Neue Justiz, 8. Jg. (1954), H. 5, Berlin (Ost), S. 135-137.

Ehling, Manfred: Zeitverwendung in Ost- und Westdeutschland. In: Wolfgang Glatzer/Heinz-Herbert Noll (Hg.): Getrennt vereint. Lebensverhältnisse in Deutschland seit der Wiedervereinigung. (Soziale Indikatoren, Bd. XVIII). Frankfurt/M.-New York 1995, S. 263-281.

Ehrhardt, Dirk: Kindheit in der DDR. Die Pionierorganisation. In: Arbeit, Sport und DDR-Gesellschaft. Festschrift für Dieter Voigt zum 60. Geburtstag. Hrsg. von Lothar Mertens/Sabine Gries. Berlin 1996, S. 121-146.

Engelbrech, Gerhard/*Reinberg*, Alexander: *Beschäftigungskrise* trifft im Westen vor allem die Männer, im Osten die Frauen. Eine Analyse der Arbeitsmarktentwicklung zwischen 1991 und 1995 auf der Basis von Mikrozensus-Daten. Hg.: Institut für Arbeitsmarkt- und Berufsforschung. (IABkurzbericht, Nr. 9, 15.9.1997). Nürnberg 1997.

Engelbrech, Gerhard/*Reinberg*, Alexander: *Frauen* und Männer in der Beschäftigungskrise der 90er Jahre. Entwicklung der Erwerbstätigkeit in West und Ost nach Branchen, Berufen und Qualifikationen. Eine Untersuchung auf Basis von Mikrozensus-Daten. Hg.: Institut für Arbeitsmarkt- und Berufsforschung. (IAB-werkstattbericht Nr. 11, 8.9.1997). Nürnberg 1997.

Erhaltung junger Ehen durch stärkere gesellschaftliche Wirksamkeit. Aus einer Analyse des Bezirksgerichts Magdeburg für die Plenartagung am 16. November 1964. In: Neue Justiz, 19. Jg. (1965), H. 3, Berlin (Ost), S. 85-86.

Esdohr, Jochen: Familienrechtskonflikte und Wege zu ihrer Beseitigung. In: Der Schöffe, 9. Jg. (1962), H. 10, Berlin (Ost), S. 357-359.

Esser, Hartmut: Social Modernization and the Increase in the Divorce Rate. In: Journal of Institutional and theoretical Economics, 149. Jg. (1993), Tübingen, S. 252-277.

Faison, Seth: In China, Rapid Social Changes Bring a Surge in the Divorce Rate. In: New York Times, 144. Jg., Nr. 50161, Di. 22. Aug. 1995, S. A1, A6.

Fragen des Unterhalts der Frau im Zusammenhang mit der Auflösung einer Ehe. In: Neue Justiz, 29. Jg. (1975), H. 10, Berlin (Ost), S. 292-296.

Freiburg, Arnold: Kriminalität und Kriminalpolitik in der DDR 1968-1983. In: Die Gesellschaft der DDR. Untersuchungen zu ausgewählten Bereichen. Hrsg. von Dieter Voigt. Berlin 1984, S. 65-116.

Frohburg, Inge: Kommunikative Beziehungen in ihrer Bedeutung für befriedigende Partnerschaft. In: Sexualität und Partnerschaft. Hrsg. von Hans Szewczyk. Berlin (Ost) 1982, S. 81-87.

Fuchs, Marianne: Demographische Aspekte des Sexual- und Reproduktionsverhaltens in der DDR. In: Sexuologie in der DDR. Hrsg. von Joachim S. Hohmann. Berlin 1991, S. 95-115.

Gabriel, Oscar W.: Institutionenvertrauen im vereinigten Deutschland. In: Aus Politik und Zeitgeschichte, B 43, 22. Okt. 1993, Bonn, S. 3-23.

Gaserow, Vera: Der Familienknick. Die Ostdeutschen stehen im Einigungsschock. Weniger Eheschließungen, weniger Kinder, weniger Scheidungen. In: Die Zeit, Nr. 36, 3. Sep. 1993, Hamburg, S. 75.

Gauger, Helmut: Erziehung der jungen Generation zur verantwortungsbewußten Ehepartnerwahl. In: Pädagogik, 30. Jg. (1975), Beiheft 1, Berlin (Ost).

Gensicke, Thomas: Modernisierung, Wertewandel und Mentalitätsentwicklung in der DDR. In: Sozialer und demographischer Wandel in den neuen Bundesländern. Hrsg. von Hans Bertram/Stefan Hradil/Gerhard Kleinhenz. Berlin 1995, S. 101-140.

Gindorf, Josef: Zu einigen Fragen des Verfahrens in Ehesachen. In: Neue Justiz, 10. Jg. (1956), H. 9, Berlin (Ost), S. 266-268.

Göldner, Elfriede: Die gesellschaftliche *Kraft* zur Erhaltung der Familiengemeinschaft einsetzen! In: Neue Justiz, 19. Jg. (1965), H. 10, Berlin (Ost), S. 315-319.

Göldner, Elfriede: Zur *Prüfung* der Scheidungsvoraussetzungen. In: Neue Justiz, 24. Jg. (1970), H. 15, Berlin (Ost), S. 453-454.

Göldner, Elfriede: Zur *Vorbereitung* einer Plenartagung des Obersten Gerichts über Fragen des Familienrechts. In: Neue Justiz, 19. Jg. (1965), H. 3, Berlin (Ost), S. 65-66.

Görner, Gerhard: Die erzieherische Rolle der Gerichte bei der Behandlung von Zivilsachen und Familiensachen. In: Neue Justiz, 7. Jg. (1953), H. 8, Berlin (Ost), S. 271-278.

Grandke, Anita: *Anmerkung* zu einem OG-Urteil in Ehescheidungssachen. In: Neue Justiz, 44. Jg. (1990), H. 6, Berlin (Ost), S. 258-259.

Grandke, Anita: Zur *Anwendung* des Ehescheidungsrechts. In: Neue Justiz, 41. Jg. (1987), H. 2, Berlin (Ost), S. 56-58.

Grandke, Anita: Zur *Entwicklung* von Ehe und Familie. In: Wie emanzipiert sind die Frauen in der DDR? Beruf-Bildung-Familie. Hrsg. von Herta Kuhrig/Wulfram Speigner. Köln 1979, S. 229-253.

Grandke, Anita: Gedanken zur erzieherischen *Funktion* des Gerichts in Ehesachen. In: Neue Justiz, 24. Jg. (1970), H. 15, Berlin (Ost), S. 451-452.

Grandke, Anita: *Gleichberechtigung* und Persönlichkeitsentwicklung von Mann und Frau. In: Neue Justiz, 29. Jg. (1975), H. 17, Berlin (Ost), S. 499-503.

Grandke, Anita: Zur *Leitung* der Rechtsprechung durch das Oberste Gericht. Aus Untersuchungsergebnissen des Wissenschaftsbereichs Familienrecht der Humboldt-Universität. In: Neue Justiz, 44. Jg. (1990), H. 5, Berlin (Ost), S. 200-203.

Grandke, Anita: Die Ehe als *Rechtsverhältnis*. In: Neue Justiz, 39. Jg. (1985), H. 9, Berlin (Ost), S. 356-359.

Grandke, Anita *et al.*: Wirksamkeit und *Entwicklung* der Grundsätze des FGB und der Bestimmungen über die eheliche Gemeinschaft. In: Neue Justiz, 30. Jg. (1976), H. 18, Berlin (Ost), S. 544-547.

Grandke, Anita/*Gysi*, Jutta/*Orth*, Klaus-Peter/*Rieger*, Wolfgang: Zur *Wirksamkeit* des Familienrechts. In: Neue Justiz, 30. Jg. (1976), H. 12, Berlin (Ost), S. 349-354; H. 16, S. 476-482.

Grandke, Anita/*Kuhrig*, Herta: Zur Situation und zur Entwicklung der Familien in der DDR. In: Neue Justiz, 19. Jg. (1965), H. 8, Berlin (Ost), S. 231-235.

Grandke, Anita/*Kuhrig*, Herta/*Weise*, Wolfgang: Zur Situation und zur Entwicklung der Familien in der DDR. In: Neue Justiz, 19. Jg. (1965), H. 8, Berlin (Ost), S. 231-235.

Grandke, Anita/*Orth*, Klaus-Peter: Rechtssoziologische Untersuchungen zur Stabilität von Ehen in der DDR. In: Staat und Recht, 21. Jg. (1972), H. 1, Berlin (Ost), S. 49-67.

Grandke, Anita/*Orth*, Klaus-Peter/*Rieger*, Wolfgang: Wirksamkeit des Ehescheidungsrechts. In: Neue Justiz, 34. Jg. (1980), H. 9, Berlin (Ost), S. 399-403.

Grandke, Anita/*Rieger*, Wolfgang: Zu den Aufgaben der Gerichte im Eheverfahren. In: Neue Justiz, 24. Jg. (1970), H. 3, Berlin (Ost), S. 67-73.

Grundmann, Siegfried: Die Ost-West-Wanderung in Deutschland (1989-1992). In: Sozialer und demographischer Wandel in den neuen Bundesländern. Hrsg. von Hans Bertram/Stefan Hradil/Gerhard Kleinhenz. Berlin 1995, S. 3-46.

Grutza, Hans: Zum *Widerruf* gerichtlicher Einigungen im Ehescheidungsverfahren. In: Neue Justiz, 41. Jg. (1987), H. 11, Berlin (Ost), S. 462-463.

Gysi, Jutta: Familien im sozio-demographischen *Wandel*. Konsequenzen für Familienrecht und -politik. In: Neue Justiz, 44. Jg. (1990), H. 8, Berlin (Ost), S. 332-335.

Gysi, Jutta/*Meyer*, Dagmar: Leitbild: berufstätige Mutter - DDR-Frauen in Familie, Partnerschaft und Ehe. In: Gisela Helwig/Hildegard Maria Nickel (Hg.): Frauen in Deutschland 1945-1992. Berlin 1993, S. 139-165.

Gysi, Jutta/*Wenzel*, Rita: Kolloquium zu Rechtsfragen der Stellung und Förderung der Frau in der DDR. In: Staat und Recht, 25. Jg. (1976), H. 3, Berlin (Ost), S. 313-316.

Halgasch, Richard: *Grundfragen* des Ehescheidungsrechts. In: Neue Justiz, 12. Jg. (1963), H. 6, Berlin (Ost), S. 964-980.

Halgasch, Richard/*Lungwitz*, Kurt: Entwicklung und Faktoren der Ehescheidungen. In: Neue Justiz, 28. Jg. (1974), H. 3, Berlin (Ost), S. 72-76.

Harrland, Harri/*Hiller*, Rudolf: Familienrechtliche Konflikte im Spiegel der Gerichtsstatistik. In: Neue Justiz, 16. Jg. (1962), H. 20, Berlin (Ost), S. 619-626.

Häusler, Gerhard: *Aufgaben* des Rechtsanwalts im Eheverfahren. In: Neue Justiz, 17. Jg. (1963), H. 12, Berlin (Ost), S. 370-376.

Häusler, Gerhard: Zur *Erziehungsfunktion* der Eherechtsprechung. In: Neue Justiz, 17. Jg. (1963), H. 21, Berlin (Ost), S. 677-683.

Häusler, Gerhard/*Ködel*, Hugo/*Rehm*, Egon: Bemerkungen zum Eheverfahren. In: Neue Justiz, 11. Jg. (1957), H. 1, Berlin (Ost), S. 14-17.

Hein, Eva: Internationales Arbeitsrechtssymposium zur Gleichberechtigung der Frau in der sozialistischen Gesellschaft. In: Staat und Recht, 25. Jg. (1976), H. 1, Berlin (Ost), S. 84-86.

Heinerici, Walter: Die gesellschaftliche Erziehung im Zivilprozeß. In: Der Schöffe, 7. Jg. (1960), H. 2, Berlin (Ost), S. 48-51.

Heinrich, Wilhelm: Die Rechtsprechung der Instanzgerichte zur Eheverordnung. In: Neue Justiz, 10. Jg. (1956), H. 9, Berlin (Ost), S. 264-266.

Heinrich, Wilhelm/*Klar*, Herbert: Die Rechtsprechung des Obersten Gerichts auf dem Gebiete des Familienrechts. In: Neue Justiz, 7. Jg. (1953), H. 17, Berlin (Ost), S. 537-542.

Heinrich, Wilhelm/*Göldner*, Elfriede/*Schilde*, Horst: Die Rechtsprechung der Instanzgerichte in Familiensachen. In: Neue Justiz, 15. Jg. (1961), H. 22, Berlin (Ost), S. 776-779; H. 23, S. 815-819.

Hejhal, Gottfried/*Rohde*, Ursula: Bemerkungen zum Lehrbuch des Familienrechts. In: Neue Justiz, 27. Jg. (1973), H. 12, Berlin (Ost), S. 350-354.

Helwig, Gisela: *Einleitung*. In: Gisela Helwig/Hildegard Maria Nickel (Hg.): Frauen in Deutschland 1945-1992. Berlin 1993, S. 9-21.

Helwig, Gisela: Gleiche *Rechte* - doppelte Pflichten. Frauen in der DDR. In: Rückblicke auf die DDR. Festschrift für Ilse Spittmann-Rühle. Hrsg. von Gisela Helwig. Köln 1995, S. 197-207.

Herrmann, Robert: Eheschule zur Vorbereitung junger Menschen auf Ehe und Familie. In: Neue Justiz, 27. Jg. (1973), H. 2, Berlin (Ost), S. 48-49.

Hesse, P(eter) G.: Sich psychisch auswirkende *Besonderheiten* der Sexualität bei Frau und Mann in der zweiten Lebenshälfte. In: Das Deutsche Gesundheitswesen, 30. Jg. (1975), H. 2, Berlin (Ost), S. 49-53; H. 3, S. 97-100.

Hesse, Peter G.: Die *Sexualität* in der Ehe in ärztlicher Sicht. In: Das Deutsche Gesundheitswesen, 15. Jg. (1960), H. 32, Berlin (Ost), S. 1679-1684.

Hesse, P(eter) G.: Die Therapie der sexuellen *Störungen* der Frau im letzten Lebensdrittel. In: Medicamentum, 17. Jg. (1976), H. 7, Berlin (Ost), S. 164-169.

Hesse, P(eter) G.: Die *Therapie* der sexuellen Störungen des Mannes im letzten Lebensdrittel. In: Medicamentum, 17. Jg. (1976), H. 8, Berlin (Ost), S. 228-235.

Hintze, Karl: Einige Bemerkungen zur unzulässigen Verallgemeinerung von zivilrechtlichen Entscheidungen des Obersten Gerichts. In: Neue Justiz, 8. Jg. (1954), H. 6, Berlin (Ost), S. 166-168.

Höckner, Marianne: Der Staat hat viele Väter - wo bleiben die Mütter? Ein Beitrag zur Vereinbarkeit von Erwerbstätigen- und Mutterrolle in Deutschland-Ost und -West. In: Bernhard Nauck/Hans Bertram (Hg.): Kinder in Deutschland. Lebensverhältnisse von Kindern im Regionalvergleich. Opladen 1995, S. 333-356.

Höding, Edith: Schöffen versöhnten streitende Eheleute. In: Der Schöffe, 9. Jg. (1962), H. 3, Berlin (Ost), S. 101-102.

Höhn, Charlotte: Rechtliche und demographische Einflüsse auf die Entwicklung der Ehescheidungen seit 1946. In: Zeitschrift für Bevölkerungswissenschaft, 6. Jg. (1980), H. 3/4, Boppard, S. 335-371.

Höhn, Charlotte/*Dorbritz*, Jürgen: Zwischen Individualisierung und Institutionalisierung - Familiendemographische Trends im vereinten Deutschland. In: Familie im Brennpunkt von Wissenschaft und Forschung. Hrsg. von Bernhard Nauck/Corinna Onnen-Isemann. Rosemarie Nave-Herz zum 60. Geburtstag gewidmet. Neuwied-Kriftel-Berlin 1995, S. 149-174.

Hörder, Werner/*Schampe*, Wolfgang/*Scherzer*, Wilfried: Kommunale Dienstleistungen bei der Gestaltung sozialistischer Lebensverhältnisse. In: Einheit, 24. Jg. (1969), H. 5, Berlin (Ost), S. 562-569.

Hoffmann-Nowotny, Hans-Joachim: Ehe und Familie in der modernen Gesellschaft. In: Aus Politik und Zeitgeschichte, B 13/88, 25. März 1988, Bonn, S. 3-13.

Holst, Elke/*Schupp*, Jürgen: Erwerbsbeteiligung von Frauen in West- und Ostdeutschland. Zwischen Entmutigung und beruflichen Veränderungen? In: Wolfgang Glatzer/Heinz-Herbert Noll (Hg.): Getrennt vereint. Lebensverhältnisse in Deutschland seit der Wiedervereinigung. (Soziale Indikatoren, Bd. XVIII). Frankfurt/M.-New York 1995, S. 49-70.

Hugot, Heinz: Zur Wirksamkeit der Aussetzung von Eheverfahren. In: Neue Justiz, 27. Jg. (1973), H. 2, Berlin (Ost), S. 47-48.

Huinink, Johannes: Familienentwicklung und Haushaltsgründung in der DDR. Vom traditionellen Muster zur instrumentellen Lebensplanung? In: Familie und Lebenslauf im gesellschaftlichen Umbruch. Hrsg. von Bernhard Nauck/Norbert F. Schneider/Angelika Tölke. Stuttgart 1994, S. 39-55.

Huinink, Johannes/*Wagner*, Michael: Partnerschaft, Ehe und Familie in der DDR. In: Johannes Huinink et al.: Kollektiv und Eigensinn. Lebensverläufe in der DDR und danach. Berlin 1995, S. 145-188.

„Ich beantrage die Scheidung meiner Ehe". Ursachen der heutigen Scheidungsklagen in der Sicht von Schöffen. Der Schöffe, 7. Jg. (1960), H. 4, Berlin (Ost), S. 136-140.

Joos, Magdalena: Selektive *Kontexte*. Umwelten von Kindern und Erwachsenen in Ost- und Westdeutschland. In: Bernhard Nauck/Hans Bertram (Hg.): Kinder in Deutschland. Lebensverhältnisse von Kindern im Regionalvergleich. Opladen 1995, S. 171-204.

Joos, Magdalena: *Wandel* in den Lebens- und Betreuungsverhältnissen von Kindern in den neuen Bundesländern 1990 und 1994. In: Walter Bien (Hg.): Familie an der Schwelle zum neuen Jahrtausend. Wandel und Entwicklung familialer Lebensformen. Opladen 1996, S. 204-211.

Kabat vel Job, Otmar: *Drum* prüfe, wer sich ewig bindet. In: Uta Bruhm-Schlegel/Otmar Kabat vel Job: Junge Frauen heute. Wie sie sind - was sie wollen. Leipzig 1981, 2. erg. Aufl., S. 78-80.

Kabat vel Job, Otmar: Wo die *Liebe* hinfällt. In: Uta Bruhm-Schlegel/Otmar Kabat vel Job: Junge Frauen heute. Wie sie sind - was sie wollen. Leipzig 1981, 2. erg. Aufl., S. 64-67.

Karlus, Georg: Zur Beseitigung der Ursachen für Ehescheidungen. In: Der Schöffe, 8. Jg. (1961), H. 10, Berlin (Ost), S. 358-359.

Kaufmann, Franz-Xaver: *Sozialpolitik* und Familie. In: Aus Politik und Zeitgeschichte, 38. Jg., B 13/88, 25. März 1988, Bonn, S. 34-43.

Kayser, Marianne/*Zobel*, Martin/*Metzner*, Bernhard: Zu einigen Aspekten der Reduzierung der Hausarbeit. In: Wie emanzipiert sind die Frauen in der DDR? Beruf-Bildung-Familie. Hrsg. von Herta Kuhrig/Wulfram Speigner. Köln 1979, S. 309-334.

Kellner, Horst: Bedarf es einer Vereinfachung der Bestimmungen über die Kostenerstattung in Ehesachen? In: Neue Justiz, 42. Jg. (1988), H. 10, Berlin (Ost), S. 420-421.

Kietz, Herbert/*Rudelt*, Walter: Feststellung von Konfliktursachen in Zivil-, Familien-, Arbeits- und LPG-Rechtsverfahren. In: Neue Justiz, 26. Jg. (1972), H. 18, Berlin (Ost), S. 535-538.

Klein, Thomas: *Ehescheidung* in der Bundesrepublik und der früheren DDR. Unterschiede und Gemeinsamkeiten. In: Familie und Lebenslauf im gesellschaftlichen Umbruch. Hrsg. von Bernhard Nauck/Norbert F. Schneider/Angelika Tölke. Stuttgart 1994, S. 76-89.

Klein, Thomas: *Geschwisterlosigkeit* in Ost- und Westdeutschland. In: Bernhard Nauck/Hans Bertram (Hg.): Kinder in Deutschland. Lebensverhältnisse von Kindern im Regionalvergleich. Opladen 1995, S. 121-136.

Klein, Thomas: Scheidungsbetroffenheit im *Lebensverlauf* von Kindern. In: Bernhard Nauck/Hans Bertram (Hg.): Kinder in Deutschland. Lebensverhältnisse von Kindern im Regionalvergleich. Opladen 1995, S. 253-263.

Klein, Thomas et al.: Entwicklungsperspektiven von Elternschaft und ehelicher Stabilität in den neuen Bundesländern seit 1989. In: Walter Bien (Hg.): Familie an der Schwelle zum neuen Jahrtausend. Wandel und Entwicklung familialer Lebensformen. Opladen 1996, S. 60-81.

Kludssuweit, Bruno: Fragen zur Aufklärung der Ursachen und Bedingungen übermäßigen Alkoholgenusses im Eheverfahren. In: Neue Justiz, 25. Jg. (1971), H. 2, Berlin (Ost), S. 48-49.

Korbe, Heinz: Erfahrungen mit dem neuen Ehescheidungsverfahren beim Amtsgericht Berlin-Mitte. In: Neue Justiz, 4. Jg. (1950), H. 7, Berlin (Ost), S. 255-256.

Krüger, Gerhard: Zur *Ausgestaltung* eines effektiven und rationellen gerichtlichen Verfahrens auf dem Gebiet des Zivil-, Familien- und Arbeitsrechts. In: Neue Justiz, 28. Jg. (1974), H. 14, Berlin (Ost), S. 425-429.

Krüger, Gerhard: *Unterbrechung* des Verfahrens bei Anordnung der vorübergehenden Nichtausübung des Erziehungsrechts. In: Neue Justiz, 34. Jg. (1980), H. 2, Berlin (Ost), S. 84-85.

Kuhnke, Ralf: Wertewandel bei Jugendlichen und jungen Erwachsenen. In: Hubert Sydow: Entwicklung und Sozialisation von Jugendlichen vor und nach der Vereinigung Deutschlands. Opladen 1997, 115-157.

Kuhr, Peter: Familienförderung im Territorium. In: Neue Justiz, 36. Jg. (1982), H. 3, Berlin (Ost), S. 108-110.

Kuhrig, Herta: Familie und *Entwicklung* der sozialistischen Lebensweise. In: Lebensweise und Sozialstruktur. Materialien des 3. Kongresses der marxistisch-leninistischen Soziologie in der DDR, 25. bis 27. März 1980. Berlin (Ost) 1981, S. 148-152.

Kuhrig, Herta: *Familie*, berufstätige Frau und sozialistische Lebensweise. In: Lebensweise und Sozialstruktur. Materialien des 3. Kongresses der marxistisch-leninistischen Soziologie in der DDR, 25. bis 27. März 1980. Berlin (Ost) 1981, S. 264-272.

Kuhrig, Herta: *Liebe* und Ehe im Sozialismus. In: Einheit, 37. Jg. (1982), H. 7/8, Berlin (Ost), S. 800-808.

Kuhrig, Herta/*Speigner*, Wulfram: Gleichberechtigung der Frau. Aufgaben und ihre Realisierung in der DDR. In: Wie emanzipiert sind die Frauen in der DDR? Beruf-Bildung-Familie. Hrsg. von Herta Kuhrig/Wulfram Speigner. Köln 1979, S. 11-85.

Kuschel, Heinz: Ursachen und Bedingungen der Eigentumskriminalität in Aufbauzentren sowie deren Bekämpfung und Verhütung. In: Neue Justiz, 21. Jg. (1967), H. 16, Berlin (Ost), S. 494-497.

Laatz, Horst: Zur Entwicklung der empirischen Sozialstrukturforschung in der DDR. In: Die Gesellschaft der DDR. Untersuchungen zu ausgewählten Bereichen. Hrsg. von Dieter Voigt. Berlin (West) 1984, S. 147-165.

Lange, Inge/*Hieblinger*, Inge: Die Rolle der Frau im Produktionsprozeß bestimmt ihre Stellung in der sozialistischen Gesellschaft. In: Einheit, 24. Jg. (1969), H. 3, Berlin (Ost), S. 339-347.

Lässig, Ruth: Aufgaben und Möglichkeiten der Ehe- und Familienberatung. In: Neue Justiz, 42. Jg. (1988), H. 7, Berlin (Ost), S. 291.

Latka, Helmut: Rationelle und wirksame Gestaltung von Eheverfahren. In: Neue Justiz, 27. Jg. (1973), H. 2, Berlin (Ost), S. 46-47.

Latka, Helmut/*Thoms*, Franz: Klagrücknahme und erneute Klage nach Klagabweisung im Eheverfahren. In: Neue Justiz, 24. Jg. (1970), H. 15, Berlin (Ost), S. 456-459.

Lingelbach, Petra: Neugestaltung des Eheverfahrens in der ZPO. In: Neue Justiz, 43. Jg. (1989), H. 8, Berlin (Ost), S. 327-328.

Lötsch, Manfred: Systemtransformation und soziale Strukturumbrüche in der (ehemaligen) DDR. In: Winfried Schmähl (Hg.): Sozialpolitik im Prozeß der deutschen Vereinigung. Frankfurt/M.-New York 1992, S. 9-25.

Ludz, Peter Christian: Sozialwissenschaftliche Befragungen im Dienst der SED. Zur »Praxisverbundenheit« der empirischen Sozialforschung in der DDR am Beispiel von Umfragen zu arbeits-, familien- und freizeitsoziologischen Problemen. In: Deutschland Archiv, 12. Jg. (1979), H. 8, Köln, S. 838-864.

Lungwitz, Kurt: Die Stabilität frühzeitig geschlossener Ehen im Spiegel der Statistik. In: Neue Justiz, 19. Jg. (1965), H. 3, Berlin (Ost), S. 66-69.

Mannschatz, Eberhard: Zur pädagogischen Fragestellung bei der Ehescheidung und Sorgerechtsregelung. In: Neue Justiz, 18. Jg. (1964), H. 2, Berlin (Ost), S. 43-45.

Marbach, Jan H./*Bien*, Walter/Bender, *Donald*: Vergleich der Lebensformen in den alten und neuen Bundesländern zwischen 1988 und 1994. In: Walter Bien (Hg.): Familie an der Schwelle zum neuen Jahrtausend. Wandel und Entwicklung familialer Lebensformen. Opladen 1996, S. 28-37.

Mertens, Lothar: *Arbeitshaltung* und Wertorientierung in DDR-Kombinaten. In: Arbeit und Sozialpolitik, 44. Jg. (1990), H. 3, Baden-Baden, S. 104-105.

Mertens, Lothar: Schicht- und *Nachtarbeit* in der DDR. In: Arbeit und Sozialpolitik, 42. Jg. (1988), H. 3, Baden-Baden, S. 97-98.

Mertens, Lothar: „Überkommenes bürgerliches *Relikt*". Kriminalität in der Honecker-Ära. In: Opfer und Täter im SED-Staat. Hrsg. von Lothar Mertens/Dieter Voigt. Berlin 1997, S. 243-265.

Mertens, Lothar: Ehescheidungen in der Ära *Ulbricht*. In: Arbeit, Sport und DDR-Gesellschaft. Festschrift für Dieter Voigt zum 60. Geburtstag. Hrsg. von Lothar Mertens/Sabine Gries. Berlin 1996, S. 173-195.

Mertens, Lothar: *Women* Students in the Former GDR - A Research Note. In: German Politics, 2. Jg. (1993), H. 1, London, S. 113-123.

Meyer, Dagmar: Ehescheidung in der ehemaligen DDR. In: Zeitschrift für Bevölkerungswissenschaft, 17. Jg. (1991), H. 1, Boppard, S. 33-47.

Mielich, Charlotte: Die Rechtsprechung zur Ehewohnung bei Ehescheidung. In: Neue Justiz, 43. Jg. (1989), H. 1, Berlin (Ost), S. 20-23.

Möller, Hans-Joachim/*Jordan*, Horst: Bemerkungen zur 5. Auflage des FGB-Kommentars. In: Neue Justiz, 36. Jg. (1982), H. 12, Berlin (Ost), S. 539-540.

Mühlmann, Jutta: Prüfung der Interessen minderjähriger Kinder im Scheidungsverfahren. In: Neue Justiz, 26. Jg. (1972), H. 21, Berlin (Ost), S. 636-638.

Mühlmann, Jutta/*Rindert*, Rolf: Einige psychologische Aspekte der Verhandlungsführung in Eheverfahren. In: Neue Justiz, 30. Jg. (1976), H. 13, Berlin (Ost), S. 384-388.

Müller-Hartmann, Irene/*Henneberger*, Sabine: Regionale Bildungsdisparitäten in Ostdeutschland. In: Bernhard Nauck/Hans Bertram (Hg.): Kinder in Deutschland. Lebensverhältnisse von Kindern im Regionalvergleich. Opladen 1995, S. 295-331.

Nathan, Hans: [*Anmerkung* zu den beiden vorstehend abgedruckten Entscheidungen]. In: Neue Justiz, 3. Jg. (1949), H. 8, Berlin (Ost), S. 170-173.

Nathan, Hans: Familienrecht und *Moral* in der sozialistischen Gesellschaft. In: Neue Justiz, 15. Jg. (1961), H. 18, Berlin (Ost), S. 626-631.

Nauck, Bernhard: Sozialräumliche *Differenzierung* der Lebensverhältnisse von Kindern in Deutschland. In: Wolfgang Glatzer/Heinz-Herbert Noll (Hg.): Getrennt vereint. Lebensverhältnisse in Deutschland seit der Wiedervereinigung. (Soziale Indikatoren, Bd. XVIII). Frankfurt/M.-New York 1995, S. 165-202.

Nauck, Bernhard: Regionale Milieus von *Familien* in Deutschland nach der politischen Vereinigung. In: Familie im Brennpunkt von Wissenschaft und Forschung. Hrsg. von Bernhard Nauck/Corinna Onnen-Isemann. Rosemarie Nave-Herz zum 60. Geburtstag gewidmet. Neuwied-Kriftel-Berlin 1995, S. 91-121.

Nauck, Bernhard/*Joos*, Magdalena: Wandel der familiären Lebensverhältnisse von Kindern in Ostdeutschland. In: Gisela Trommsdorff (Hg.): Sozialisation und Entwicklung von Kindern vor und nach der Vereinigung. Opladen 1996, S. 243-298.

Nave-Herz, Rosemarie: Soziologische *Aspekte* der Frühehe. In: Kölner Zeitschrift für Soziologie und Sozialpsychologie, 19. Jg. (1967), H. 4, Opladen, 484-510.

Nave-Herz, Rosemarie: *Kontinuität* und Wandel in der Bedeutung, in der Struktur und Stabilität von Ehe und Familie in der Bundesrepublik Deutschland. In: Wandel und Kontinuität der Familie in der Bundesrepublik Deutschland. Hrsg. von Rosemarie Nave-Herz. Stuttgart 1988, S. 61-94.

Neef, Rainer/*Schäfer*, Uta: Zusammenleben und Auseinanderleben. Veränderungen sozialer Lagen und Beziehungen in Ostdeutschland. In: Hartmut Häußermann/Rainer Neef (Hg.): Stadtentwicklung in Ostdeutschland. Soziale und räumliche Tendenzen. Opladen 1996, S. 49-86.

Neue Formen der gerichtlichen Tätigkeit in Zivil- und Familiensachen. In: Neue Justiz, 14. Jg. (1960), H. 15, Berlin (Ost), S. 493-494.

Neumann, Monika/*Schreiber*, Gerhard/*Günther*, Erwin: Über den Einfluß des chronischen Alkoholabusus auf die Fertilität und sexuelle Potenz des Mannes. In: Zeitschrift für ärztliche Fortbildung, 81. Jg. (1987), Jena, H. 12, S. 599-601.

Nickel, Hildegard Maria: „Mitgestalterinnen des Sozialismus" - Frauenarbeit in der DDR. In: Gisela Helwig/Hildegard Maria Nickel (Hg.): Frauen in Deutschland 1945-1992. Berlin 1993, S. 233-256.

Niethammer, Fritz: Einige Bemerkungen zur Rechtsprechung des Obersten Gerichts im Zivilsachen. In: Neue Justiz, 14. Jg. (1960), H. 9, Berlin (Ost), S. 302-307.

Ostmann, Helmut: Zur Richtlinie des Obersten Gerichts über die Voraussetzungen der Ehescheidung. In: Neue Justiz, 11. Jg. (1957), H. 15, Berlin (Ost), S. 459-462.

§ 8 *EheVO*; § 11 EheVerfO; § 2 Abs. 2 GVG. In: Neue Justiz, 17. Jg. (1963), H. 21, Berlin (Ost), S. 697-698.

§ 24 *FGB. Zum Vorliegen* ernstlicher Gründe für die Scheidung einer jungen Ehe. In: Neue Justiz, 24. Jg. (1970), H. 15, Berlin (Ost), S. 467-468.

§ 48 *EheG*. In: Neue Justiz, 8. Jg. (1954), H. 9, Berlin (Ost), S. 247-249.

§ 48 *des Ehegesetzes* (KRG Nr. 16) vom 20. Februar 1946. In: Neue Justiz, 5. Jg. (1951), H. 6, Berlin (Ost), S. 222-224.

Parmalee, Patty Lee: Brigadeerfahrungen und ostdeutsche Identitäten. In: Beiträge zur Geschichte der Arbeiterbewegung, 38. Jg. (1996), H. 4, Kösching, S. 70-86.

Paul, E.: Eheberatung - ein heikles Kapitel? In: Deine Gesundheit, 6. Jg. (1961), H. 1, Berlin (Ost), S. 3-5.

Pfister, Gertrud: Frauen in der Bundesrepublik und in der DDR. Anspruch und Wirklichkeit. In: Dieter Voigt/Manfred Messing (Hg.): Beiträge zur Deutschlandforschung, Bd. 1. Bochum 1982, S. 210-237.

Pfister, Gertrud/*Voigt*, Dieter: Geschlechterstereotype im Systemvergleich. Eine Analyse von Heiratsanzeigen. In: Dieter Voigt/Manfred Messing (Hg.): Beiträge zur Deutschlandforschung, Bd. 1. Bochum 1982, S. 238-285.

Pinther, Arnold: Die Entwicklung von Ehekonflikten in jungen Ehen und ihr Einfluß auf die Ehestabilität. In: Sexualität und Partnerschaft. Hrsg. von Hans Szewczyk. Berlin (Ost) 1982, S. 61-70.

Pittack, Barbara: Nachteilige Folgen der Trennung in den Eltern-Kind-Beziehungen. In: Neue Justiz, 44. Jg. (1990), H. 6, Berlin (Ost), S. 253-254.

Poller, Gerhard: Ein Kreisgericht zieht Schlußfolgerungen aus der Rechtsprechung in Ehesachen. In: Neue Justiz, 12. Jg. (1958), H. 23, Berlin (Ost), S. 809-810.

Püschel, Heinz: Weitere Arbeiten am Entwurf des Familiengesetzbuches. In: Der Schöffe, 9. Jg. (1962), H. 10, Berlin (Ost), S. 341-347.

Reissig, Monika: Das sexuelle Verhalten junger Ehepartner im 1. Ehejahr und einige seiner wesentlichen Einflußfaktoren. In: Sexualität und Partnerschaft. Hrsg. von Hans Szewczyk. Berlin (Ost) 1982, S. 54-60.

Richter, Jürgen/*Lingelbach*, Petra: Psychologische Aspekte im Familienrechtsverfahren. In: Neue Justiz, 43. Jg. (1989), H. 11, Berlin (Ost), S. 447-448.

Richtlinie des Plenums des Obersten Gerichts über die Bemessung des Unterhalts für minderjährige Kinder. In: Neue Justiz, 19. Jg. (1965), H. 10, Berlin (Ost), S. 305-309.

Rieger, Wolfgang: Zur Verwirklichung des Aussöhnungsauftrags des Gerichts im Eheverfahren. In: Neue Justiz, 28. Jg. (1974), H. 1, Berlin (Ost), S. 10-15.

Roesler, Jörg: Probleme des Brigadealltags. Arbeitsverhältnisse und Arbeitsklima in volkseigenen Betrieben 1950-1989. In: Aus Politik und Zeitgeschichte, 47. Jg., B 38/97, 12. Sep. 1997, Bonn, S. 3-17.

Rohde, Ursula: Die gerichtliche *Entscheidung* über das elterliche Erziehungsrecht. In: Neue Justiz, 20. Jg. (1966), H. 15, Berlin (Ost), S. 465-468.

Rohde, Ursula: Die Familiengemeinschaft in der sozialistischen *Gesellschaft*. In: Neue Justiz, 19. Jg. (1965), H. 8, Berlin (Ost), S. 235-238.

Rohde, Ursula/*Latka*, Helmut: Methoden zur Erhöhung der gesellschaftlichen Wirksamkeit im Zivil- und Familienrecht. In: Neue Justiz, 18. Jg. (1964), H. 7, Berlin (Ost), S. 199-202.

Rohde, Ursula/*Mielich*, Charlotte/*Thoms*, Franz: Wirksame *Arbeit* der Gerichte bei der Vermögensverteilung nach Ehescheidung. In: Neue Justiz, 36. Jg. (1982), H. 6, Berlin (Ost), S. 249-251.

Rohde, Ursula/*Mielich*, Charlotte/*Thoms*, Franz: Wirksame Arbeit der *Gerichte* bei der Vermögensverteilung nach Ehescheidung. In: Neue Justiz, 36. Jg. (1982), H. 7, Berlin (Ost), S. 302-303.

Rotter, Barbara: Über die gesellschaftliche Mitwirkung in Ehesachen. In: Neue Justiz, 17. Jg. (1963), H. 21, Berlin (Ost), S. 684-686.

Sahner, Heinz: Der *Dienstleistungssektor* in der DDR und in den neuen Bundesländern. Zur Modernisierung der ostdeutschen Sozialstruktur. In: Gegenwartskunde, 43. Jg. (1994), H. 4, Leverkusen, S. 529-554.

Sahner, Heinz: Sozialistische *Städte* im Umbruch. Das Beispiel Halle. In: Deutsche Studien, 32. Jg. (1995), H. 128, Lüneburg, S. 317-333.

Schmidt, Manfred: Die Hilfe des Kollektivs bei der Klärung von Familienrechtsstreitigkeiten. In: Neue Justiz, 15. Jg. (1961), H. 6, Berlin (Ost), S. 197-198.

Schnabl, Siegfried: Sexualstörungen als *Faktoren* für Ehekonflikte. In: Neue Justiz, 25. Jg. (1971), H. 4, Berlin (Ost), S. 101-103.

Schnabl, Siegfried: Wie können Störungen in der *Intimsphäre* der Ehegatten aufgeklärt werden? In: Neue Justiz, 26. Jg. (1972), H. 11, Berlin (Ost), S. 319-322.

Schnabl, Siegfried: *Langeweile* in der Ehe? In: Das Magazin, 23. Jg. (1976), H. 4, Berlin (Ost), S. 45-49.

Schnabl, Siegfried: Neuer *Partner* - neues Glück? In: Das Magazin, 22. Jg. (1975), H. 7, Berlin (Ost), S. 52-55.

Schnabl, Siegfried: *Sexualstörungen* als Faktoren für Ehekonflikte. In: Neue Justiz, 25. Jg. (1971), H. 4, Berlin (Ost), S. 101-103.

Schnabl, Siegfried: Sexuelle *Störungen*. In: Kurt Starke/Walter Friedrich (Hg.): Liebe und Sexualität bis 30. Berlin (Ost) 1984, S. 320-328.

Schnabl, Siegfried: Sexuelle Störungen - *Verbreitung*, Zusammenhänge, Konsequenzen. In: Sexuologie in der DDR. Hrsg. von Joachim S. Hohmann. Berlin 1991, S. 116-141.

Schnabl, Siegfried: Warum geht jede(r) *Vierte* fremd? In: Sexualmedizin, 17. Jg. (1988), H. 9, Wiesbaden, S. 522-528.

Schönbach, Armin/*Scholz*, Günter: Über Auswirkungen der Mehrschichtarbeit von Produktionsarbeitern auf die Gestaltung der unterrichtsfreien Zeit ihrer Kinder. In: Pädagogische Forschung, 19. Jg. (1978), Berlin (Ost), S. 90-98

Schreier, Kerstin: Zur Erwerbssituation von Müttern mit minderjährigen Kindern. In: Walter Bien (Hg.): Familie an der Schwelle zum neuen Jahrtausend. Wandel und Entwicklung familialer Lebensformen. Opladen 1996, S. 154-163.

Schröter, Ursula: Ostdeutsche Frauen zwischen Verlieren und Gewinnen. In: Sozialer und demographischer Wandel in den neuen Bundesländern. Hrsg. von Hans Bertram/Stefan Hradil/Gerhard Kleinhenz. Berlin 1995, S. 141-157.

Schuster, Günther: Wie die Schöffen des Kreisgerichts Teterow bei der gesellschaftlichen Erziehung in Ehesachen mitwirken. In: Der Schöffe, 7. Jg. (1960), H. 2, Berlin (Ost), S. 52-52.

Seidel, Curt: Die Mitwirkung der Schöffen im Zivil- und Familienrechtsverfahren. In: Der Schöffe, 8. Jg. (1961), H. 8, Berlin (Ost), S. 296-298.

Seifert, Wolfgang: Zur Wirksamkeit von Klagrücknahmen und Klagabweisungen für die Stabilisierung gestörter Ehen. In: Neue Justiz, 24. Jg. (1970), H. 4, Berlin (Ost), S. 110-111.

Sørensen, Annemette/*Trappe*, Heike: Frauen und Männer: Gleichberechtigung - Gleichstellung - Gleichheit? In: Johannes Huinink et al.: Kollektiv und Eigensinn. Lebensverläufe in der DDR und danach. Berlin 1995, S. 1892-22.

Sommer, Erika: Arbeitsergebnisse und Wirksamkeit der Ehe- und Familienberatungsstellen. In: Neue Justiz, 24. Jg. (1970), H. 15, Berlin (Ost), S. 459-461.

Speigner, Wulfram: Motivation der Entscheidung gegen ein (weiteres) Kind. In: Autorenkollektiv unter Leitung von Wulfram Speigner: Kind und Gesellschaft. Eine soziologische Studie über die Geburtenentwicklung in der DDR. Berlin (Ost) 1987, S. 138-142.

Spellerberg, Annette: Lebensstile in Ost- und in Westdeutschland. In: Wolfgang Glatzer/Heinz-Herbert Noll (Hg.): Getrennt vereint. Lebensverhältnisse in Deutschland seit der Wiedervereinigung. Frankfurt/M.-New York 1995, S. 229-261.

Stahler, Doris: „Ich habe ja, das weiß ich, auf dem Arbeitsmarkt keine Chance ...". Die besondere Situation erwerbsloser Frauen ab 45 Jahre in der ehemaligen DDR. In: Dichotomie, Dominanz, Differenz. Frauen plazieren sich in Wissenschaft und Gesellschaft. Hrsg. von Annette Bertrams. Weinheim 1995, S. 169-187.

Strasberg, Werner: *Aufgaben* der Gerichte im Eheverfahren. In: Neue Justiz, 34. Jg. (1980), H. 2, Berlin (Ost), S. 52-54.

Strasberg, Werner: Der *Beitrag* der Gerichte zur Entwicklung sozialistischer Familienbeziehungen. In: Neue Justiz, 27. Jg. (1973), H. 2, Berlin (Ost), S. 42-45.

Strasberg, Werner: *Erfahrungen* bei der Anwendung der ZPO zur Verstärkung der gesellschaftlichen Wirksamkeit des sozialistischen Rechts. In: Neue Justiz, 31. Jg. (1977), H. 12, Berlin (Ost), S. 354-360.

Strasberg, Werner: Die Aufgaben der Gerichte zur *Erhaltung* und Festigung von Ehe und Familie. In: Neue Justiz, 24. Jg. (1970), H. 15, Berlin (Ost), S. 445-449.

Strasberg, Werner: Zur *Pflicht* der Gerichte, die Interessen unterhaltsberechtigter Frauen im Ehescheidungsverfahren. In: Neue Justiz, 29. Jg. (1975), H. 10, Berlin (Ost), S. 296-299.

Strasberg, Werner/*Hejhal*, Gottfried: Zur Neufassung des Beschlusses des Präsidiums des Obersten Gerichts zur einheitlichen Anwendung der Familienverfahrungsordnung. In: Neue Justiz, 26. Jg. (1972), H. 16, Berlin (Ost), S. 478-482.

Strohmeier, Klaus Peter/*Schulze*, Hans-Joachim: Die Familienentwicklung der achtziger Jahre in Ost- und Westdeutschland im europäischen Kontext. In: Familie und Lebenslauf im gesellschaftlichen Umbruch. Hrsg. von Bernhard Nauck/ Norbert F. Schneider/Angelika Tölke. Stuttgart 1994, S. 26-38.

Süßmuth, Rita: Wandlungen in der Struktur der Erwerbstätigkeit und ihr Einfluß auf das Familienleben. In: Rosemarie Nave-Herz (Hg.): Wandel und Kontinuität der Familie in der Bundesrepublik Deutschland. Stuttgart 1988, S. 222-234.

Szewczyk, Hans: Partnerschaft und Sexualverhalten im höheren Lebensalter. In: Sexualität und Partnerschaft. Hrsg. von Hans Szewczyk. Berlin (Ost) 1982, S. 70-80.

Teucher, Hanns: Erzieherische Einflußnahme auf die Stabilität von Ehe und Familie. In: Neue Justiz, 23. Jg. (1969), H. 24, Berlin (Ost), S. 774-775.

Thoms, Franz: *Bericht* über die 14. Plenartagung des Obersten Gerichts. In: Neue Justiz, 29. Jg. (1975), H. 10, Berlin (Ost), S. 300-301.

Thoms, Franz: Die Einbeziehung gesellschaftlicher *Kräfte* in Unterhaltsverfahren. In: Neue Justiz, 19. Jg. (1965), H. 10, Berlin (Ost), S. 324-327.

Tietze, Gerhard/*Hoffmann*, Helga: Schichtarbeit geht jeden an. In: Arbeit und Arbeitsrecht, 32. Jg. (1977), H. 10, Berlin (Ost), S. 299-302.

Toeplitz, Heinrich: Die *Leitung* der Rechtsprechung durch das Oberste Gericht nach dem IX. Parteitag der SED. In: Neue Justiz, 34. Jg. (1980), H. 11, Berlin (Ost), S. 482-485, 494.

Toeplitz, Heinrich: Die *Vorbereitung* des neuen Familienrechts durch die Rechtsprechung. In: Neue Justiz, 8. Jg. (1954), H. 21, Berlin (Ost), S. 658-663.

Über die erzieherische Tätigkeit der Gerichte in Ehesachen. In: Neue Justiz, 24. Jg. (1970), H. 11, Berlin (Ost), S. 330-336.

Urland, Johannes: Zusammenarbeit zur Unterstützung der Parteien bei der Überwindung von Ehekonflikten. In: Neue Justiz, 27. Jg. (1973), H. 7, Berlin (Ost), S. 174.

Ursachen und Tendenzen der Ehescheidungen sowie Schlußfolgerungen für die Durchsetzung der sozialistischen Familienpolitik. Aus einem Bericht des Präsidiums des Obersten Gerichts. In: Neue Justiz, 25. Jg. (1971), H. 7, Berlin (Ost), S. 197-201.

Voigt, Dieter/*Gries*, Sabine: Karriereangebote, Karrieremuster und Eliterekrutierung. In: Deutscher Bundestag (Hg.): Rolle und Bedeutung der Ideologie, integrativer Faktoren und disziplinierender Praktiken in Staat und Gesellschaft der DDR. Materialien der Enquete-Kommission „Aufarbeitung von Geschichte und Folgen der SED-Diktatur in Deutschland", Bd. III/3, Baden-Baden-Frankfurt/M. 1995, S. 1901-2033.

Voigt, Dieter/*Meck*, Sabine: Leistungsprinzip und Gesellschaftssystem. In: Die Gesellschaft der DDR. Untersuchungen zu ausgewählten Bereichen, hrsg. von Dieter Voigt, Berlin 1984, S. 11-45.

Voigt, Dieter/*Mertens*, Lothar: Stichwort „Soziale *Entwicklung*". In: Pipers Wörterbuch zur Politik, Bd. 4: Sozialistische Systeme. Politik-Wirtschaft-Gesellschaft. Hrsg. von Klaus Ziemer. München 1986, S. 393-409.

Voigt, Dieter/*Mertens*, Lothar: Soziale *Schichtung* - Arbeitswelt - Historisches Bewußtsein. Theoretische Aussagen und empirische Befunde. In: Politische Studien, 38. Jg. (1987), H. 294, München, S. 413-427.

Voigt, Dieter/*Mertens*, Lothar: Stichwort „*Sozialismus*". In: Wörterbuch der Soziologie, Bd. 3. Hrsg. von Günter Endruweit/Gisela Trommsdorff. Stuttgart 1989, S. 611-614.

Voigt, Dieter/*Mertens*, Lothar: Stichwort „DDR, *Sozialstruktur* der". In: Soziologie-Lexikon. Hrsg. von Gerd Reinhold. München-Wien 1991, S. 89-92.

Voigt, Dieter/*Belitz-Demiriz*, Hannelore/*Meck*, Sabine: Die innerdeutsche Wanderung und der Vereinigungsprozeß. Soziodemographische Struktur und Einstellungen von Flüchtlingen/Übersiedlern aus der DDR vor und nach der Grenzöffnung. In: Deutschland Archiv, 23. Jg. (1990), H. 5, Köln, S. 732-746.

Wallis, Peter: Bedarf es wirklich keiner Änderung der kostenrechtlichen Bestimmungen für Ehesachen? In: Neue Justiz, 43. Jg. (1989), H. 5, Berlin (Ost), S. 198.

Weissbach-Rieger, Anita: *Partnerbeziehung*, Sexualität und Sexualverhalten bei älteren Frauen und Männern nach dem 55. Lebensjahr: I. Mitteilung: Partnerbeziehung und Sexualität aus sozialgynäkologischer und gesellschaftswissenschaftlicher Sicht. In: Zeitschrift für Alternsforschung, 42. Jg. (1987), Berlin (Ost), H. 4, S. 203-205.

Weissbach-Rieger, Anita: Partnerbeziehung, *Sexualität* und Sexualverhalten bei älteren Frauen und Männern nach dem 55. Lebensjahr: II. Mitteilung: Partnerbeziehung, Sexualität und sexuelle Reaktion. In: Zeitschrift für Alternsforschung, 42. Jg. (1987), Berlin (Ost), H. 4, S. 207-209.

Weissbach-Rieger, Anita/*Franke*, Jutta: Partnerbeziehung, Sexualität und Sexualverhalten bei älteren Frauen und Männern nach dem 55. Lebensjahr: III. Mitteilung: Sozialgynäkologische und sozialmedizinische Untersuchungsergebnisse. In: Zeitschrift für Alternsforschung, 42. Jg. (1987), Berlin (Ost), H. 4, S. 211-213.

Wendt, Hartmut: Wohnbedingungen und Kinderwunsch. In: Autorenkollektiv unter Leitung von Wulfram Speigner: Kind und Gesellschaft. Eine soziologische Studie über die Geburtenentwicklung in der DDR. Berlin (Ost) 1987, S. 19-124.

Wenzel, Rita: Erste *Auswertung* einer soziologischen Untersuchung zum Stand der Rechtsverwirklichung in Ehe und Familie - insbesondere in bezug auf die Durchsetzung der Gleichberechtigung von Mann und Frau. In: Informationen des wiss. Beirates „Die Frau in der sozialistischen Gesellschaft", 1974, H. 2, Berlin (Ost), S. 14-36.

Wenzel, Rita: 1975 - Internationales *Jahr* der Frau. Zur Verwirklichung der Gleichberechtigung von Mann und Frau in Ehe und Familie. In: Staat und Recht, 24. Jg. (1975), H. 6, Berlin (Ost), S. 946-956.

Winkel, Ilsemarie/*Bähnisch*, Renate: Zentrale Weiterbildungsveranstaltung über Probleme der Ehe- und Familienberatung. In: Neue Justiz, 25. Jg. (1971), H. 16, Berlin (Ost), S. 483-484.

Wünsche, Kurt: Die Aufgaben des Ministeriums für Justiz auf dem Gebiet der sozialistischen Rechtspflege. In: Neue Justiz, 23. Jg. (1969), H. 3, Berlin (Ost), S. 65-71.

Wurzler, Hugo/*Lobeck*, Inge: Die Mitarbeit der Schöffen in Ehesachen. In: Der Schöffe, 5. Jg. (1958), H. 12, Berlin (Ost), S. 376-377.

Zur Aufgabe der Gerichte im Eheverfahren, die Interessen minderjähriger Kinder zu wahren. In: Neue Justiz, 27. Jg. (1973), H. 2, Berlin (Ost), S. 37-42.

Zur Einbeziehung gesellschaftlicher Kollektive in die Ehe- und Unterhaltsrechtsprechung. In: Neue Justiz, 18. Jg. (1964), H. 13, Berlin (Ost), S. 410-413.

Zur Wirksamkeit des Familien- und des Zivilrechts bei der Herausbildung sozialistischer Verhaltensweisen. Aus einem Bericht des Verfassungs- und Rechtsausschusses der Volkskammer. In: Neue Justiz, 25. Jg. (1971), H. 7, Berlin (Ost), S. 192-197.

Lebensbeziehungen:
Vom Binden und Trennen

Jutta Kern

SINGLES

BIOGRAPHISCHE KONSTRUKTIONEN
ABSEITS DER INTIM-DYADE

Westdeutscher Verlag

Jutta Kern
Singles
Biographische Konstruktionen abseits
der Intim-Dyade
1998. 279 S. Br. DM 58,00
ISBN 3-531-13122-2
„Single" ist ein wissenschaftlich und alltäglich
häufig verwendeter Begriff, obwohl er höchst
unklar definiert wird. Die Arbeit zeigt zunächst
unterschiedliche Annäherungen an diesen Begriff auf und hält eine kurze historische Rück-
schau zu Alleinlebenden und Unverheirateten,
um anschließend eine Definition von „Singles
als Selbstdeutung" zum Ausgangspunkt der Untersuchung zu nehmen. In sechs biographischen
Typen von Singles und einem Kontrastfall werden die jeweiligen Entwicklungen hin zu einer
Identität als Single detailgenau rekonstruiert.

Laszlo A. Vaskovics /Marina Rupp
Partnerschaftskarrieren
Entwicklungspfade nichtehelicher
Lebensgemeinschaften
1995. 220 S. Br. DM 38,00
ISBN 3-531-12758-6
Inwiefern das Zusammenleben ohne Trauschein
in Konkurrenz zur Ehe steht oder zu deren Weg-
bereiter geworden ist, war eine der zentralen
Fragen des Forschungsprojektes „Nichteheliche
Lebensgemeinschaften", dessen Ergebnisse die
Grundlage dieses Buches bilden. Neben einer
Momentaufnahme, die Einblicke in die Lebens-
gestaltung dieser Paare, ihre Pläne und Vorstel-
lungen bietet, werden hier die Beziehungskar-
rieren unverheirateter Paare über mehrere Jahre
hinweg verfolgt und nachgezeichnet.

Manfred Herzer
**Ehescheidung als sozialer
Prozeß**
1998. 279 S. (Studien zur Sozialwissenschaft,
Bd. 197) Br. DM 72,00
ISBN 3-531-13098-6
Diese Arbeit ist ein Plädoyer für eine Prozeßper-
spektive, die Ehescheidung als zeitlich ausgedehn-
ten Prozeß begreift, der durch kritische Punkte struk-
turiert ist und an dem unterschiedliche Akteure
beteiligt sind. In kritischer Auseinandersetzung mit
der in der Forschung dominierenden Sicht von
Ehescheidung als Problem werden psychologische
Phasenmodelle, Konzepte des Rollenübergangs
und der familialen Krise vorgestellt.

Änderungen vorbehalten. Stand: Juni 1998.

WESTDEUTSCHER VERLAG
Abraham-Lincoln-Str. 46 · 65189 Wiesbaden
Fax (06 11) 78 78 - 400